广东省基于大数据利用的卫生健康治理普通高校
哲学社会科学重点实验室(2023WSYS007)研究成果

广州医科大学科研能力提升项目

统筹城乡社会养老保险制度研究

TONGCHOU CHENGXIANG SHEHUI YANGLAO BAOXIAN ZHIDU YANJIU

胡杨木◎著

湘潭大学出版社
XIANGTAN UNIVERSITY PRESS

图书在版编目（CIP）数据

统筹城乡社会养老保险制度研究 / 胡杨木著. -- 湘潭 : 湘潭大学出版社, 2022.12
ISBN 978-7-5687-0980-4

Ⅰ. ①统… Ⅱ. ①胡… Ⅲ. ①社会养老保险—养老保险制度—研究—中国 Ⅳ. ①F842.67

中国版本图书馆 CIP 数据核字 (2022) 第 249213 号

统筹城乡社会养老保险制度研究

TONGCHOU CHENGXIANG SHEHUI YANGLAO BAOXIAN ZHIDU YANJIU

胡杨木 著

责任编辑：刘禹岐
封面设计：李　平
出版发行：湘潭大学出版社
社　　址：湖南省湘潭大学工程训练大楼
电　　话：0731-58298960 0731-58298966（传真）
邮　　编：411105
网　　址：http://press.xtu.edu.cn/
印　　刷：长沙创峰印务有限公司
经　　销：湖南省新华书店
开　　本：787 mm×1092 mm 1/16
印　　张：10.5
字　　数：210 千字
版　　次：2022 年 12 月第 1 版
印　　次：2022 年 12 月第 1 次印刷
书　　号：ISBN 978-7-5687-0980-4
定　　价：39.00 元

前　言

2019年，我国65岁及以上人口达到1.67亿，占总人口的11.93%，成为世界上老龄人口最多、人口老龄化进程最快的国家之一。人口老龄化和高龄化必将给社会带来较大负担，给政府带来较大的财政压力。事实上，按照联合国最新的人口老龄化标准，我国早在2000年就步入老龄化社会。就农村而言，农村居民老龄化程度更为显著，问题更为突出。据全国第六次人口普查数据，农村老龄人口占农村总人口的15.40%，高于全国13.26%平均水平2.14个百分点。与一些发达国家或地区不同的是，我国长期存在城乡二元经济结构、城乡经济社会发展水平严重失衡、农村居民在社会保障程度上与城镇居民存在较大差别等问题。

统筹城乡社会养老保险制度是党和政府推进城乡统筹发展的战略目标和任务，是全面建设小康社会，实现城乡共同繁荣发展的必然要求，是构建和谐社会、体现不同社会群体享受公平社会保障制度的重要内容。

基于此，本书阐述了建立和完善农村社会养老保险制度的理论基础，归纳总结了我国农村社会养老保险制度变迁，分析了当前我国农村社会养老保险制度现状及其保障效果，在此基础上，借鉴典型国家（地区）统筹城乡社会养老保险制度的经验，分析统筹城乡社会养老保险制度的可行性，提出统筹城乡社会养老保险制度的设计思路、实施方案及配套措施。

全书共有八个章节，基本内容主要包括：

第一，在对基本概念进行界定的基础上，系统梳理和论述了社会养老保险的类型、社会养老保险的理论基础和我国农村社会养老保险制度的政府责任。养老保险具有典型的“公共品”的特征，客观上需要政府的介入和干预，并承担责任。基于对养老保险的概念阐述和作用介绍，对我国农村社会养老保险的城乡统筹提供了理论基础。此外，对养老保险的政府设计责任、实施责任、财政补贴责任和投资运营及监管责任进行了论述。

第二，全面系统地梳理我国农村社会养老保险的制度变迁，并且分别从社会统筹和个人账户角度分析我国农村社会养老保险的现状，并且从制度层面分析我国现行的农村社会养老保险制度的弊端。通过对“老农保”“新农保”和“城乡居保”的基本内容和特点进行阐述，并对各时期的农村社会养老保险制度进行了评价。整体上，经过近30年的发展，我国农村社会养老保险制度已经基本实现了对农村居民的全面覆盖，制度内的财政责任也实现了从“无”到“有”的转变，但是各时期内的农村社会养老保险的保障效果仍然较差。

第三，本书分析了我国农村社会养老保险制度的现状及弊端，并对我国农村社会养老保险制度存在的问题进行成因分析。此外，本书利用精算模型对农村社会养老保险制度的保障效果进行分析。研究发现，养老金替代率较低，其中基础养老金替代率仅为10%，个人账户替代率仅为5%，很难满足农村居民日常生活支出；不同地区之间养老金替代率差异较大，其中一些东部地区养老金替代率低、地方财政负担重。通过对上述问题的成因分析，发现财政对基础养老金补贴程度低、个人缴费部分财政补贴机制不合理、养老保险基金收益率低是造成上述问题的主要原因。

第四，借鉴了日本、巴西及智利等国家和地区的农村社会养老保险城乡统筹的经验。通过考察上述国家（地区）统筹城乡社会养老保险的建立步骤、建立时机和制度模式设计资金筹集模式、养老金给付模式，结合我国国情，对我国农村社会养老保险的城乡统筹提出建议。城乡社会养老保险制度的一元化是一个渐近的过程，我国必须通过“分步走”战略建立多层次、统一制度下的城乡社会养老保险。

第五，从制度层面来看，现行的农村社会养老保险制度与城镇社会养老保险制度都是采用“社会统筹＋个人账户”的模式，因此两大制度具有同源性，为城乡统筹提供了制度层面的可行性。通过构建数理模型，对我国统筹城乡社会养老保险制度进行了制度设计和可行性分析，并且基于可行性分析对我国实行统筹城乡社会养老保险制度提出了实施方案和政策措施。首先，本书建立了人口预测模型，对未来我国农村人口进行预测；其次，利用时间序列模型和多元线性回归模型分别对未来我国农村居民人均可支配收入和财政收入进行测算。将农村社会养老保险制度社会统筹部分的名义替代率提升至城镇社会养老保险制度所需的财政资金，并且与我国现行的财政收入进行比较发现，我国中央财政完全有能力承担，在基础养老金为35％的替代水平下，中央基础养老金支出仅占中央财政总收入的4.88％～7.37％；最后，在对个人账户进行政策模拟发现，在比例缴费制下，农村居民尽早缴费、长期缴费可以大大提高个人账户养老金保障效果。

第六，基于上述统筹城乡社会养老保险制度设计，提出建立统筹城乡社会养老保险制度的实施方案是“分步走”战略：首先将农村社会养老保险制度的名义替代率提升至与城镇社会养老保险制度相同，然后通过乡村振兴等战略提高农村居民的收入。与此同时，优化农村社会养老保险的个人账户设计，引导农村居民扩大养老保险个人账户的缴费，以提高农村社会养老保险中个人账户的保障能力。在农村居民与城镇居民收入相近的时候，将农村社会养老保险制度的实际替代率提升至与城镇社会养老保险制度相同，以此完成我国城乡社会养老保险制度的“大一统”。

养老保险是我国社会保障体系中的重要组成部分，而财政作为国家治理基础和重要支柱，必然要在养老保险制度中发挥越来越重要的作用。相信随着中国特色社会主义市场经济体制的不断完善，通过制定和实施统筹城乡的社会养老保险制度，我国一定能够实现中华民族的伟大复兴。

作　者

2022年5月

目　录

第一章　绪　论

一、研究背景与研究意义

（一）研究背景

我国农村地区老龄化形势和农村地区老龄人口贫困问题日趋严峻。我国是世界上老龄人口最多的国家，人口老龄化速度也位居世界前列。根据联合国最新人口老龄化标准①，我国早已于2000年就步入老龄化社会。2019年，我国总人口数为14亿人，其中65岁及以上的人口数共有1.67亿，占总人口的11.93%②。人口老龄化和高龄化的过程日益严峻，这不仅会给我国造成严重的社会问题，还会为我国的经济发展带来巨大压力。全国第六次人口普查报告显示，我国农村老龄人口占农村总人口的15.40%，比全国13.26%的平均水平还高出2.14个百分点，高于城镇老龄化程度。而随着城镇化进程，世界卫生组织预测，到2030年，农村老龄化程度和城镇老龄化程度将被进一步拉大到21.80%和14.80%③。与城镇老龄人口不同，农村老龄人口经济状况普遍较差，再加上近年来失地、少子等问题愈发严重，传统的土地养老和家庭养老日渐式微，养老金成为农村老龄人口的重要收入来源。

党的十九大报告明确提出，要加强社会保障体系的建设，全面建成城乡统一、覆盖全民、权责明确、保障适度的多层次社会保障体系。与日本、韩国等东亚国家类似，我国社会养老保险的探索也走了一条“先城镇、后农村”的道路，分别建立了不同的社会养老保险体系。

① 根据联合国的标准，一个国家或地区60岁以上人口占总人口的10%，则该国家已经步入人口老龄化社会。新标准则是65岁以上人口占总人口的7%。

② 数据来源：《中国统计年鉴2020》。

③ 数据来源：世界卫生组织《中国老龄化与健康国家评估报告》。

目前，我国城镇社会养老保险主要由城镇职工基本养老保险和机关事业单位养老保险构成，而农村社会养老保险则是单独的城乡居民养老保险。两大制度之间的保障效果也存在较大差距，不仅两大制度之间养老金筹资模式、给付标准不一样，财政对于两大制度的补贴额度也不一样，农村社会养老保险制度所得到的财政补贴远远低于城镇社会养老保险，造成了极大的不公平。相比于城镇老年人，农村老年人实际养老金较低，农村社会养老保险养老金平均替代率低[①]，仅为11.40%，而城镇职工退休后养老金平均替代率达到47.30%。因此，如何为我国的农村老龄人口提供适当的养老保险，使其老有所养，是我国目前面临的重大经济社会问题，也是我国实现中华民族伟大复兴的题中应有之义。

（二）研究意义

一是为我国建立多层次的养老保险体系提供了理论支持。随着我国经济社会的不断发展和城镇化的不断加深，越来越多的农村青壮年进城务工，导致农村地区的家庭养老及土地养老日渐式微，农村社会养老保险养老金成为农村老人重要的收入来源。建立多层次养老保险制度是满足我国老年人多样化养老需求、提升老年人生活幸福感的重要举措。

二是评估了当前我国农村地区城乡居民养老保险保障效果。在当前的统账结合模式下，农村社会养老保险养老金由基础养老金和个人账户养老金构成。基础养老金采取定额给付制，即中央确定基础养老金最低标准额，地方政府允许在最低标准额上增发养老金。然而，从现实情况来看，在农村居民人均可支配收入和物价水平上涨的情况下，微薄的养老金很难满足农村老年人日常需求支出，农村社会养老保险基础养老金保障效果较差。此外，基础养老金部分缺乏正常的调整机制。2009年，农村居民人均纯收入为5435元，当时“新农保”的基础养老金是55元/人/月，农村居民每年养老金收入占同年农村居民人均纯收入的12.14%。然而，2019年，农村居民人均可支配收入[②]为16678元，中央财政仅仅向农村居民提供不低于93元/人/月的基础养老金，农村居民每年养老金收入占同年农村居民人均纯收入的6.97%。与城镇职工基本养老保险采取比例制养老金发放不同，农村社会养老保险基础养老金采取定额的方式发放养老金，若定额发放的基础养老金没有建立调整机制，则会严重影响农村社会养老保险的保障效果。农村社会养老保险个人账户采取的是定额缴费制，在参保人年满60岁

① 养老金平均替代率是指劳动人员退休后养老金与工作期间收入的比值。

② 在历年的《中国统计年鉴》中，农村居民家庭人均纯收入仅公布至2012年，2013年后使用农村居民人均可支配收入，下同，不再赘述。

后，按照 1/139 的比例逐月发放，直至发放完成。然而，现行的个人账户缴费激励机制尚未建成，大部分农村居民都选择最低档次缴费，导致个人账户养老金给付非常低，保障效果很差。

三是为我国社会养老保险制度统筹层次低提出改进措施。我国是世界上少有的由地方政府管理社会养老保险的国家，也是社会养老保险制度城乡分离问题突出的国家之一。世界上许多发展中国家的社会养老保险都采取由中央政府或者联邦政府直接管理的模式，我国也应该采取中央统筹管理的模式。在我国城乡统筹发展的背景下，人口流动越来越大，越来越多的农村青壮年进城务工，若中央不对社会养老保险进行统筹，则会造成社会养老保险转接难、待遇难以确定、参保人参保积极性降低等问题。社会养老保险制度的城乡统筹重点和难点都在农村地区，为了更好地实现城乡统筹发展战略，保障农村劳动力的自由流动，应该由中央政府对社会养老保险进行垂直管理。在统筹的具体实施方案中，应该采取“三步走”战略。首先，实现名义替代率下，农村社会养老保险与城镇社会养老保险的统筹，即农村社会养老保险的养老金与农村居民人均可支配收入的比值应该大体上等于城镇社会养老保险养老金与城镇居民人均可支配收入的比值。其次，应该大力发展乡村振兴战略，努力提高农村居民人均可支配收入，保证农村居民人均可支配收入增速高于城镇。最后，在农村居民人均可支配收入与城镇居民人均可支配收入大体相等的情况下，为农村居民和城镇居民发放同额的养老金，实现实际水平下农村社会养老保险与城镇社会养老保险替代率水平的统筹。

四是探索统筹城乡社会养老保险制度的财政压力及可行性分析。首先，如何建立统筹城乡的社会养老保险制度一直是学界重点关注的问题，尤其是如何解决在统一的社会养老保险框架内，农村社会养老保险保障效果如何设定的问题。如果将其设定过低，则无法满足农村地区老年人日常生活需求；如果将其设定过高，则会给财政带来巨大压力，严重影响养老保险的财务可持续性。其次，在统一的制度框架下，如何确定农村社会养老保险的基础养老金和个人账户资金筹集及给付也是本书重点讨论的问题。由于基础养老金的资金来源是财政，在确定基础养老金给付的时候需要考虑到未来农村居民人口的总量、未来农村居民人均可支配收入、未来财政收入情况，本书将探讨根据农村居民人均可支配收入设定的固定替代率下基础养老金的财政负担。农村社会养老保险制度的定额缴费制不仅与农村居民人均可支配收入脱节，还造成了农村居民缴费逆向激励等问题，如何确定缴费比例及财政补贴比例是重点和难点问题。

二、文献综述

（一）关于我国农村社会养老保险的发展的研究

改革开放以来，为了配套市场经济机制，我国从零开始建立社会领域制度，从试点到全面铺开，最后逐渐推行至全国。社会保障领域也经历了类似的过程，绝大部分制度都经历了建立、发展和改良的过程，但似乎农村社会养老保险制度经历了十分曲折的发展道路：从1986年“老农保”试点，1992年正式推出，1999年停滞，2009年推行“新农保”，2014年将“新农保”和城镇居民养老保险合并为城乡居民养老保险。彭希哲和宋韬（2002）讨论了我国建立农村社会养老保险的必要性和可行性，并借鉴苏南模式、山东模式和广东模式，建立以财政补贴为主的农村社会养老保险制度。杨翠迎和米红（2007）分析了农村社会养老保险尚未在我国全面推行和普遍实施的原因，并认为其中关键的制约因素是制度设计存在缺陷及资金来源不足，为此建立有限财政责任农村社会养老保险制度，突破现行农村社会养老保险困局，十分必要。卢海元（2003）分析了我国农村社会养老保险制度建立的前提条件，从我国GDP（国内生产总值）、财政收入、潜在的社保资源等方面来看，我国完全有能力建立起具有中国特色社会主义的农村社会养老保险制度。

Cai和Du（2014）认为目前我国社会养老保险制度改革面临的挑战主要有：人口老龄化带来的人口结构变化、家庭结构变化带来的社会压力、城乡制度分割带来的均等化压力和养老金财务可持续性带来的压力。他们根据我国第六次人口普查和统计年鉴相关数据发现，财政转移支付收入占城镇60岁以上居民总收入的70%，而农村60岁以上居民财政转移支付收入仅占总收入的10%。Liu和Sun（2016）认为我国农村社会养老保险与城镇职工养老保险最大的区别在于，农村社会养老保险缺乏强制的现收现付制安排下的资金池，农村老人的养老金给付比例的决定性因素主要为缴费比例，因此根据地区和阶层的不同，农村居民的养老金待遇在各地区和阶层之间分布不均。

牛文涛和姜润鸽（2020）认为我国农村养老保障体系的历史进程经历了四个阶段：传统家庭养老阶段（1949～1953年）、集体养老阶段（1953～1983年）、新型家庭养老阶段（1983～2009年）和社会化养老阶段（2009年至今）。其中，第一阶段是指以“家庭养老”的自我保障体系，保障水平较低，抵御风险能力较差；第二阶段是由合作社负责的农民养老制度，但随着合作社制度框架下“平均主义与搭便车”等弊端的日益显现，该制度也随之瓦解；第三阶段是指在家庭联产承包责任制的背景下，农民通过经营土地可以实现增产增收，同时加上乡镇企业自行建立的农民职工养老保险制度，农民的养老得到了更大程度地保障，但是大多数农民仍未被纳入养老保险制度体系之中；第四阶段即“新农保”实施至今，这一阶段的特点是农村社会养老保险基本上实现了农村社会的全覆盖，但是保障水平总体偏低。邓大松和李芸慧（2019）将我国农村社会养老保险制度发展历程总结为三个阶段：初创与调整、停止与恢复、探索与改革，并且认为“新农保”的出台在解决农村养老问题上发挥了非常关键的作用，仅仅用了三年时间就实现了从试点到全面覆盖。成志刚和文敏（2019）认为自2008年以来，我国经历了多层次养老金制度的完善和并轨整合，与之前的“老农保”相比，“新农保”最大的特点是明确了财政的补贴责任，基金模式也由原有的个人储蓄账户变为统账结合的账户。封进和赵发强（2019）从我国养老保险演变进程中总结出了五个经验：统账结合、过渡期方案、政府补贴、名义账户和社会保险法制建设。

何文炯（2018）认为我国基本社会养老保险制度仍处于分割状态，虽然现行养老保险制度框架统一，但是并非全国统筹；职工基本养老保险和城乡居民养老保险保障待遇差距较大。华颖和郑功成（2020）认为我国不同层次的养老金一直处于各自为政、边界不清、分割推行的状况，目前我国仅仅存在第一层次的基本养老保险，第二层次的企业年金发展较慢，第三层次的个人养老金制度还未出台，而第四层次的商业养老保险、储蓄养老保险市场较为混乱。

（二）关于农村社会养老保险的政府责任的研究

国外的社会保障制度建立得相对较早，但随着人口老龄化问题在全世界蔓延开来，越来越多的学者呼吁各国政府加大对养老保险的补贴力度，积极促成政府对养老保险的改革。Bonoli和Shinkawa（2005）指出社会保障支出是国家公共支出的重要组成部分，由于人口老龄化和生育率下降，政府应该及时调整养老保险政策，以保障国家养老保险的稳定和财务的可持续性。封进（2004）认为给退休人员提供养老金是政府的重要职责之一，由于存在逆向选择和道德风险，政府必须干预养老保险市场，并且实现收入再分配，使财富在不同代际和收入阶层之间再分配。Taylor-Gooby（2005）在统计英国居民的养老保险收入时发现，在低收入人群中有85%的收入是来自政府强制养老保险，而高收入人群中来自政府强制养老保险的收益仅有19%，他认为政府在调节居民收入中扮演重要的作用。宋健敏（2007）认为社会保障是一项综合性制度，它可以从政治、经济、法律等多种角度来分析，而财政体制和行政管理体制也是社会保障制度中不可或缺的一部分，是社会保障制度顺利实施的重要手段和坚定依靠。石宏伟等（2002）认为建立农村养老保险体系是政府的责任，世界各国宪法均已规定就业和社会保障是国家保障公民基本生活的义务和责任。

Shi（2010）强调我国农村社会养老保险必须以财政作为重要支柱，在分析我国“老农保”发现，由于政府责任的缺失，我国农村社会养老保险将会是不可持续的，农民无法实现自我保障。Shen 和 Williamson（2013）在研究我国农村社会养老保险个人账户时发现，我国农村社会养老保险个人账户缴费财政补贴机制不合理，需要加大财政对个人账户的投入。Larissa（2007）在研究纳米比亚和南非的农村社会养老保险制度时发现，基于财政补贴的非缴费型养老保险能够显著地减少贫困。Cabrera（2015）在研究危地马拉的财政政策与收入不平等的关系中发现，以财政筹资的养老金发放能够显著提高低收入人群的收入，减少居民之间收入不平等。郑功成（2021）认为目前我国基本养老保险制度存在城乡分离、补充型养老保障体系发展严重不足、个人缴费率较低等问题。对于城镇职工基本养老保险，他认为应当从实现全国统筹、明确延迟退休方案、提高缴费年限、建立企业年金等方面入手进行制度优化；对于农村社会养老保险，他认为政府应充当农民雇主，分担农村居民 50％的缴费责任，提升其保障效果。

（三）关于我国农村社会养老保险保障效果的研究

农村社会养老保险制度是农村居民社会保障制度的重要组成部分，也是我国实现基本公共服务均等化的重要举措。目前，我国对农村社会养老保险保障效果的研究较为丰富，实证分析较为充足，但现有文献主要关注个人账户养老金的保障效果及其替代率，综合分析基础养老金和个人账户养老金替代率的文献较少。在研究农村社会养老保险保障效果的文献中，沈毅（2015）认为现行的城乡居民养老保险制度仅仅是“新农保”和“城居保”的制度合并，没有解决农村社会养老保险保障效果较差、保障水平存在地区差异等问题。刘海英（2016）通过对西藏农村社会养老保险建立精算模型研究发现，目前的个人账户财政补贴制度存在“逆向激励”，基金保值增值能力低下、补贴设置不合理等问题，导致参保人选择较低档次进行缴费。穆怀中等（2014）从我国农村社会养老保险的需求端和供给端出发，建立养老金合意保障效果模型，基于农村地区老龄人口数量和替代率等因素，提出农村社会养老保险基础养老金的适宜标准。薛惠元和仙蜜花（2014）基于湖北省微观调查数据，通过建立保险精算模型和扩展线性支出系统模型，测算农村社会养老保险保障效果，研究发现对于选择低缴费档次的农民来说，农村社会养老保险保障效果较差。许燕（2019）通过建立一阶的灰色系统 GM（1，1）模型对农民参保积极性进行分析，结果表明，我国可在 2030 年实现农村社会养老保险全覆盖。邓大松和薛惠元（2010）从个人账户养老金替代率角度出发，对农村社会养老保险替代率进行测算，均得出替代率水平较低的相似结果，并且建议建立个人缴费动态机制，根据农村居民人均可支配收入的变化来调整个人账户缴费基数。

由于现行的城乡居民养老保险制度仅仅是在基础养老金给付和个人缴费档次上进

行了调整，在制度设计上与“新农保”相同，采用“基础养老金＋个人账户”的模式。关注农村社会养老保险制度的改进方向及其城乡统筹的文献较多，例如：刘昌平和谢婷（2009）总结了“新农保”试点期间的经验教训，认为统账结合模式是农村社会养老保险制度的根本模式。黄丽（2014）通过模拟农村社会养老保险制度政策改革时发现，当且仅当中央财政基础养老金的支出和参保人缴费高于农村居民人均可支配收入增速的前提下，农村社会养老保险保障效果才会出现正增长。张华初和吴钟健（2013）提出了农村社会养老保险个人账户的改进方案，认为在缴费档次不变的前提下，财政应当采取按比例补贴的方式，逐步提高个人账户缴费补贴。曹信邦和刘晴晴（2011）认为应该统一政府对不同地区的财政支持，加大对个人账户缴费补贴力度，建立比例缴费制。王振军（2017）在城乡统筹的背景下，为我国社会养老保险制度提出了三点优化设计：按照年利率10％实行NDC（名义账户制）个人账户、个人账户财政补贴额度提升至50％、提高个人最低缴费年限，实施“长缴多得”。贾宁和袁建华（2010）、邓大松和薛惠元（2010）从农村社会养老保险制度个人账户出发，认为优化个人缴费档次设计、提高财政对个人缴费的补贴力度、提高个人账户基金增值率是提升农村社会养老保险保障效果的重要途径。何文炯（2019）从高质量发展视角梳理了我国社会保障体系，认为我国广大的农民群体社会保障水平很低，其保障效果无法满足基本生活。他指出，2017年，我国农村老年人均基本养老金水平仅为126.7元/月，又因为农村社会养老保险制度养老金资金筹集模式和给付标准正常增长模式与城镇职工基本养老保险制度有较大差异，因此基本养老保险制度的城乡统筹是我国社会保障体系高质量发展的重点。

（四）关于我国农村社会养老财政补贴机制的研究

在研究我国社会养老保险城乡分离的研究中，薛惠元和王翠琴（2010）分析了“新农保”财政补贴的地区公平性，研究发现尽管中央对中西部地区的财政补贴予以倾斜，但是河北、山东等农业人口大省地方财政压力较大，建议将其纳入全额补助范围；此外，内蒙古、重庆的农村人口较少，建议中央财政补贴降至原有的2/3。杨翠迎和郭光芝（2012）在研究我国“新农保”财政补贴机制时发现，我国各地区基础养老金增速应该快于当地农村居民人均可支配收入，且缴费档次与缴费环节的财政补贴也应与农村居民人均可支配收入的增速相适应。于建华等（2016）认为要重视非缴费型养老金，即多层次养老保险体系中“第零支柱”的作用，旨在保障农村老年人基本生活需求和减少农村地区的老年贫困；此外，应该实施个人账户财政比例补贴制，真正落实“多缴多得”。边恕等（2016）从“热量学”的角度分析中央财政补贴的适度性时发现，根据食品价格的变动建立的基础养老金待遇调整机制是可行的，建议采取国外普惠型养老保险的方法，根据GDP的一定比例发放基础养老金。郭光芝和曾益（2018）在研究我国城乡居民养老保险待遇调整机制时发现，由于我国各地经济发展水平存在差异，现阶段不宜采取统一的城乡养老金待遇，应当首先提高基础养老金的待遇，其次扩大个人账户，鼓励农村青壮年提早缴费、延长缴费和提高缴费档次。李文军（2018）建议我国对农村社会养老保险基础养老金每两年根据物价水平、GPD增长率及农村居民人均可支配收入进行一次调整，要扩大中央财政的责任，鼓励参保人多缴、长缴。刘昌平和刘威（2019）研究了我国城乡居民养老保险财政补贴模式，发现相比于基础养老金，扩大个人账户缴费补贴能够显著地提升农村社会养老保险保障效果。岳经纶和黄远飞（2016）在对广州市城乡居民养老保险保障效果分析时发现，广州市财政有足够的财力为农村居民提供更高的养老金，建议建立个人账户财政比例补贴制，提高个人账户保障效果的“倍增”效应；此外，提高农村居民收入、加大“三农”投入是提高农村居民缴费能力的重要途径。张盈华和于萌（2020）在对我国城乡居民养老保险基础养老金的研究过程中发现，目前我国农村地区的基础养老金数额不足贫困标准线的1/3，且增长缓慢，很难保障农村居民的日常生活需求。因此，建议强化中央财政对基础养老金的支出责任，将地方财政的支出责任降至40%以下，以减少地方政府的养老金负担。景鹏等（2018）对我国城乡居民养老保险适度替代率和财政负担进行测算，发现我国财政可以负担替代率为30.5%的基础养老金支出及27.3%的个人账户缴费支出。

（五）关于我国城乡社会养老保险的统筹的研究

关于我国社会养老保险城乡统筹的障碍因素分析，封铁英和贾继开（2008）从城乡经济发展水平、各地方政府财力、各地区城乡人口比例、城乡居民可支配收入等方面分析了基本养老保险城乡统筹的障碍因素。赵曼和刘鑫宏（2009）分析了社会养老保险城乡统筹过程中转移续接的问题和制度性瓶颈，由于目前农村社会养老保险统筹层次低、城镇社会养老保险与农村社会养老保险之间无续接办法及资金筹集和给付方式标准不一，阻碍了我国基本养老保险实现城乡统筹。曹信邦（2012）着眼于农村社会养老保险制度的弊端，分别从农村社会养老保险的历史债务、缴费激励机制、基础养老金约束调整机制、部门间责任不明确、制度隐性成本等方面进行分析，并且为城乡统筹视角下农村社会养老保险制度的改进提出了政策建议。李春根和包叠（2013）分析了我国基本养老保险城乡一体化的困境，他认为地区之间经济差异大、无法用单一模式覆盖全国、地方财政压力日益增大等问题制约着基本养老保险城乡一体化的发展，建立统一的基本养老保险制度应该从缴费标准、养老基金管理体制、管理部门的统一及扩大适应人群入手。杨俊（2013）在分析养老保险统筹的过程中发现统筹层次低、管理模式分散是导致养老保险统筹无法推进的根本原因，地区差异、人群差异、资金筹集和给付额度的差距导致养老保险无法实现真正的统筹。

关于养老保险城乡统筹的设计思路，刘昌平（2009）认为，要实现社会养老保险制度的城乡统筹，必须采用“分步走”方案，首先确保制度之间的转移接续，然后再讲分散的养老保险制度的统一结合，覆盖所有人群。在统一的过程中，必须保持模式的基本一致，且需要确保财务可持续性。张思锋和曹信邦（2014）从养老社会保险制度发展的趋势、不同群体养老社会保险制度模式的同源性和政府财政支持能力来看，统筹城乡社会养老保险制度具有可行性。沈毅（2016）认为养老保险制度城乡统筹的基本思路是坚持以适度提升养老水平为主线，分层次、按序列递进统筹。为此要采取进一步扩大养老保险覆盖面、逐步推进养老保险制度改革、不断缩小城乡养老待遇差距、完善养老保险转移接续办法、同步推进相关配套改革等具体措施。王振军（2017）从筹资标准、最低投保年限、基金投资收益率和基础养老金标准四个方面对农村社会养老保险进行了优化设计，并对优化设计方案的相关参数取值后就其待遇标准和政府财政补贴经济负担进行了估算，他认为建立一种长效的动态筹资机制和待遇调整机制便于将来全国社会养老保险的一体化发展。林义等（2020）从多层次社会保障体系视角出发，认为我国养老保障体系严重失衡，第一层次的基本养老保险独大，且在第一层次养老保障体系中存在严重的城乡不公平、地区间不公平和统筹层次低下等问题。基于此，林义等建议政府应加强多层次社会保障体系的建设，优化资源配置，实现覆盖全民、城乡统筹、保障适度、可持续发展的政策目标。凌文豪和王晗（2019）认为现行的城乡居民养老保险制度自创立之初就埋下了重要的隐患，主要问题表现为：定额缴费制、财政定额补贴制以及替代率较低等制度参数问题，出现了财政依赖过重，居民参保积极性不高，缴费档次的“逆向选择”等问题。因此，对城乡居民养老保险制度改革的首要问题是降低制度的财政依赖程度，提高制度的激励性，真正落实“多缴多得，长缴多得”。

三、研究内容与研究方法

（一）研究内容

本书通过收集大量的研究文献、历史资料及相关数据，系统性梳理了农村社会养老保险从起源到发展的整个历程，通过数据描述和制度背景分析的经济学分析方法，多维度动态描述了农村社会养老保险制度的历史与现状，深入分析其制度内容、保障效果和城乡统筹的可行性。

第二章结合了公共产品理论、福利经济学理论、制度经济学理论和社会保障理论，构造社会养老保险的理论基础。其中，福利经济学理论内容包括公共产品的定义、农村公共产品的定义和农村公共产品的分类；福利经济学理论包括早期的福利经济学、现代西方福利经济学、福利国家论；制度经济学理论包括制度经济学的发展历程、制度的功能、制度变迁理论和政府与制度变迁；社会保障理论包括国家干预主义的社会保障理论、经济自由主义的社会保障理论和德国社会市场经济理论关于社会保障的思想。

第三章梳理了我国农村社会养老保险制度发展脉络，分别阐述了“老农保”时期、“新农保”时期和“城乡居保”时期的农村社会养老保险制度主要内容，并对它们作出了基本评价。同时，基于制度变迁的视角，本书对以上三个时期的农村社会养老保险制度进行对比，发现“新农保”首次体现了政府财政的作用，但是从“新农保”到“城乡居保”的转变时期，财政只是发挥着有限的作用，没有更进一步地提高财政对农村社会养老保险制度的补贴力度。

第四章分析了我国农村社会养老保险制度的现状及弊端，并对目前农村社会养老保险制度存在的问题进行了成因分析。首先，我国农村社会养老保险制度已经实现了对农村社会的基本覆盖；其次，我国农村社会养老保险替代率较低，很难满足农村居民的日常需求；再次，我国农村社会养老保险制度存在地区间的不公平，与城镇社会养老保险制度相比，农村社会养老保险制度的保障效果相差甚远，替代率远不及前者。在分析完我国农村社会养老保险制度的保障效果后，本书对上述问题进行了成因分析，发现统筹层次低、基础养老金财政投入不足、个人缴费补贴机制不合理等因素是导致上述问题的主要原因。

第五章利用精算模型对农村社会养老保险制度的保障效果进行分析。研究发现养老金替代率较低，其中基础养老金替代率仅为10%，个人账户替代率仅为5%，很难满足农村居民日常生活支出；不同地区之间养老金替代率差异较大，其中一些东部地区养老金替代率低、地方财政负担重。通过对上述问题的成因分析，发现财政对基础养老金补贴程度低、个人缴费部分财政补贴机制不合理、养老保险基金收益率低是造成上述问题的主要原因，再次证明了我国农村社会养老保险制度政府责任的缺失。

第六章是承上启下的章节，分别考察了典型国家（地区）统筹城乡社会养老保险制度的经验。通过对日本、巴西及智利等国家和地区统筹城乡社会养老保险制度建立步骤、建立时机和制度模式设计、资金筹集模式及养老金给付模式进行研究，结合我国国情，总结了我国建立统筹城乡的农村社会养老保险制度的可行性。

第七章对统筹城乡社会养老保险制度进行了可行性分析。从制度层面来看，现行的农村社会养老保险制度与城镇社会养老保险制度都是采用“社会统筹＋个人账户”

的模式，因此两大制度具有同源性，为城乡统筹提供了制度层面的可行性。通过构建数理模型，对我国统筹城乡社会养老保险制度进行了制度设计和可行性分析，并且基于可行性分析对我国实行统筹城乡社会养老保险制度提出了实施方案和政策措施。首先，本书建立人口预测模型，对未来我国农村人口进行预测；其次，利用时间序列模型和多元线性回归模型分别对未来我国农村居民人均可支配收入和财政收入进行测算。将农村社会养老保险制度社会统筹部分的名义替代率提升至城镇社会养老保险名义替代率，与我国现行的财政收入进行比较发现，我国中央财政完全有能力承担，在基础养老金为35％的替代水平下，中央基础养老金支出仅占中央财政总收入的4.88％～7.37％；最后，在对个人账户进行政策模拟发现，在比例缴费制下，农村居民尽早缴费、长期缴费可以大大提高个人账户养老金保障效果。

第八章提出了统筹城乡社会养老保险制度设计，提出建立统筹城乡社会养老保险制度的实施方案是“分步走”战略：首先将农村社会养老保险制度的名义替代率提升至与城镇社会养老保险制度相同，然后通过乡村振兴等战略提高农村居民的收入。与此同时，优化农村社会养老保险的个人账户设计，引导农村居民扩大养老保险个人账户的缴费，以提高农村社会养老保险中个人账户的保障能力。在农村居民与城镇居民收入相近的时候，将农村社会养老保险制度的实际替代率提升至与城镇社会养老保险制度相同，以此完成我国城乡社会养老保险制度的“大一统”。

（二）研究方法

本书综合采用了以下几种研究方法：

1．定性研究

定性研究体现在对农村社会养老保险制度的相关理论、社会养老保险制度相关概念和农村社会养老保险制度政府责任上。其中农村社会养老保险制度相关理论主要从公共产品理论、福利经济学理论、制度经济学理论和社会保障理论四个方面进行分析；社会养老保险制度相关概念主要从缴费型养老保险制度和非缴费型养老保险制度进行研究；农村社会养老保险制度政府责任主要从制度设计责任、财政责任和基金运行管理责任三方面进行阐述。

2．定量研究

本书通过定量研究对当前我国农村社会养老保险制度保障效果和农村社会养老保险制度的城乡统筹的可行性进行分析。第一，本书采用保险精算模型，利用精算平衡原理，对我国现行的农村社会养老保险保障效果进行分析；第二，本书采用时间序列模型、多元线性回归模型分别对未来我国农村居民人均可支配收入和未来我国财政收入进行预测；第三，本书采用政策模拟，对不同替代率下基础养老金的财政负担进行测算。

3. 比较研究

本书通过社会养老保险制度间的城乡对比，以及对“老农保”“新农保”和“城乡居保”的比较，发现农村社会养老保险和城镇社会养老保险之间仍然存在许多差异，本书通过对比研究各个时期的农村社会养老保险及其与城镇社会养老保险，全面掌握各项制度的特点，为社会养老保险的城乡统筹奠定基础。

第二章　农村社会养老保险制度相关的理论基础

第一节　社会养老保险制度相关概念

一、社会养老保险制度

在复杂的社会保障体系中，社会养老保险是运用资金最多、适用范围最广、作用时间最长的社会保障项目①。社会养老保险制度又称老年社会保障制度或者国民年金制度②，是一个政府（通常是中央政府）根据一定的法律为到达退休年龄的劳动者提供的帮助，维持其老年基本生活的一项社会保险制度。养老保险制度的定义包括以下几点内容：第一，养老保险制度是国家通过法律强制执行的制度；第二，必须达到法定退休年龄才能享受养老保险给付；第三，养老保险的经办机构或者指定的单位是养老保险的执行主体。

现代社会养老保险制度的起源一般是指德国在 1889 年颁布的《老年与残障社会保险法》，这部法案的实施是社会养老制度替代家庭养老制度的开端，此后社会养老保险制度主要经历了四个阶段：

第一个阶段是 19 世纪末到 20 世纪 30 年代，这一阶段是社会养老保险制度的开端。自德国在 1889 年建立了世界上第一个社会养老保险制度后，丹麦于 1891 年建立了世界上第一个非缴费型养老保险制度，瑞典于 1913 年建立了普惠型的社会养老保险制度。此外，新西兰和一些欧洲国家也纷纷建立了社会养老保险制度。

---

① 刘钧：《社会保障理论与实务》，北京：清华大学出版社，2005 年，第 25 页。

② 在日本、韩国等国家和地区，国民年金制度是一种包含养老保险在内的综合的社会保障制度。

第二阶段是20世纪30年代到20世纪60年代，社会养老保险制度在世界范围内进一步建立。随着20世纪30年代世界范围内的经济大萧条和凯恩斯主义的盛行，越来越多的国家开始建立社会养老保险制度，以缓冲经济大萧条对社会造成的冲击。

第三阶段是20世纪60年代到20世纪90年代，在该阶段中，世界各国基本上已经建立了较为完善的社会养老保险。随着经济的不断发展，在1960年至1967年短短几年间，实行社会养老保险的国家从80个激增至120个，并且以英国、德国为代表的国家不断完善社会养老保险制度，以适应经济发展的需要。

第四阶段是20世纪90年代至今，随着世界范围内人口老龄化程度加深、医疗技术的不断进步，各国都面临社会养老保险资金短缺问题。因此，为了更好地适应经济社会的发展，各国纷纷开始对社会养老保险进行改革。例如，日本在2004年提出建立“可持续、安心的年金制度”。

根据养老保险给付来源是当前的税收缴费还是一笔累积的基金，社会养老保险体系可以被分为两大类：现收现付制（Pay-as-you-go，PAYG）和完全累积制（Fully Funded，FF）。

在现收现付制下，退休者的养老金给付来自当前职工的税收缴款。在任何时间点上，养老保险获得的缴款必须与这一期养老金给付一致，即满足以下等式：

$$\text{退休者的养老金给付} = \text{职工的社会保障税缴款} \tag{2.1}$$

如果将职工和退休者的人数量化，上式可以表达为：

$$\beta R = \gamma E \tag{2.2}$$

其中：γ表示每位职工的社会保障税的缴款，β表示每位退休者获得的养老金，E是职工人数，R是退休者人数。如果人口增长率n恒定，那么就有$E=(1+n)R$，将其带入上式可得：

$$\beta = (1+n)\gamma \tag{2.3}$$

上式表明，在现收现付制的社会养老保险体系下，养老金的给付取决于人口增长率。现在主要施行现收现付制养老保险体系的国家有美国和英国。但美国社会保障体系拥有一定的资产，允许养老金账户有较短时期的赤字。

而在完全累积制下，政府需要为每一位工作者建立养老基金账户，每一位职工通过社会保障税的形式缴款，政府将这些缴款由社会保障项目进行投资。因此，职工退休之后所获得的养老金给付等于他们的社会保障税缴款加上社保基金的投资收益，即满足以下等式：

$$\text{养老保险} = \text{社会保障税} + \text{利息} \tag{2.4}$$

假设社保基金的投资收益率为r，那么养老金与社会保障税存在以下关系：

$$\beta = (1 + r)\gamma \tag{2.5}$$

因此，假设社保基金利率 r 恒定，那么完全累积制下的退休职工养老金给付取决于年轻时期的社会保障税缴款。如果年轻时社会保障税缴款越多，这位职工退休后养老金给付也就越多。实行完全累积制养老保险体系最典型的国家是智利和实行“中央公积金制”的国家和地区，例如新加坡等（季明明，2000）。

以上这两种社会养老保险体系体现的是两种不同的资源配置方式，现收现付制体现的是资源的代际转移，即从当前的职工转移到当前的退休人员；而完全累积制体现的是一代人资源的跨期配置。资源配置方式的不同决定了这两种制度有着完全不同的福利含义，当且仅当经济处于黄金律时，即人口增长率等于储蓄率时，这两个回报率相等。

社会养老保险是政府调节收入分配、实行经济补偿的重要手段。在现收现付制的养老保险体系下，政府通过对在职职工征收社会保险税，来支付对退休职工的养老给付，调剂了在职职工和退休职工之间的收入分配问题，实现社会成员之间的互济互利。调节社会富裕阶层与贫困阶层之间的收入分配。政府通过向富人征收社会保险税、财产税、高额累进税等形式将这部分资金集中到国家，再通过社会养老保险、失业保险和社会救济等方式把这部分资金支付给贫困阶层成员，进而实现减少阶层之间的收入差距。调节个人年轻时期和年老时期的收入。在完全累积制体系下，职工将工作时期（高收入时期）的收入调剂到退休时期（低收入时期），实际上是工资的递延支付。

非缴费型养老保险制度是相对于缴费型养老保险制度而言的。从广义上讲，它是一国政府为老年居民提供的一项转移支付。而从狭义上讲，它的定义通常对应世界银行在 2005 年提出的养老“五支柱”理论中“以消除贫困为目标、提供基本水平保障的零支柱”，非缴费型养老保险的给付来源于财政转移支付。非缴费型养老保险是一项纯公共品，具有完全的非竞争性和非排他性，任何达到法定领取养老金年龄的居民都有权利申请，而且任何一位居民的加入都不会排除其他居民领取养老金的权利。

非缴费型养老保险最早起源于 15 世纪西班牙为海军和海员提供的退休抚恤金。最早的现代非缴费型养老保险在 1891 年于丹麦建立，仅仅比在德国建立的缴费型社会养老保险晚两年。这一项非缴费型养老保险制度的资金来自税后融资，旨在减少 60 岁以上老年居民的贫困状况。到了 1897 年，大约四分之一的 60 岁以上丹麦居民领取到了约等于当地平均工资 25%的养老金给付。随着非缴费型养老保险制度在丹麦的成功实施，越来越多的英联邦国家和北欧国家也引入了这项制度。例如新西兰和澳大利亚分别在 1898 和 1908 年建立了非缴费型养老保险制度，瑞典在 1913 年建立了世界上首个普惠式养老保险制度。20 世纪 90 年代至今是非缴费型养老保险制度发展最迅猛的时期，随着养老保险制度扩散效应和国际劳工组织（ILO）与世界银行等国际机构的积极推动，许多拉丁美洲、非洲和亚洲国家也纷纷建立了非缴费型养老保险制度。截至2014年，全球已经有113个国家和地区建立了非缴费型养老金制度（郑秉文，2020）。

从统筹层次上来分类，非缴费型养老金可分为最低担保养老金制度、普惠式非缴费型养老金制度和家计调查式非缴费型养老金制度。最低担保养老金是指当参保人的养老金给付低于某一水平时，政府通过建立担保基金或者其他资本来补足这一差额，从而使参保人的养老金给付受到保障。在许多国家，最低养老金担保制度已经从确定给付型（Defined Benefit，DB）转型到了确定缴费型（Defined Contribution，DC）。普惠式非缴费型养老保险制度是一个国家为本国的老年居民提供的一项普惠福利，这种福利不受缴费年限、家计调查或者收入水平的限制，是国家财政的一项福利政策。家计调查式非缴费型养老保险往往是地方政府主导的，因为地方政府往往比中央政府更了解该辖区居民的偏好。通过家计调查，地方政府可以很明确地掌握该辖区居民的收入水平，从而更好地制定养老金给付。这三种非缴费型养老保险的形式有许多相似之处，第一，都是政府根据相关法律建立的养老保险制度；第二，都由中央财政或者地方财政负责养老金给付，并且由政府设立专门机构进行管理；第三，都是属于最基本的养老保险，受益范围最广。然而，这三者在财政成本、受益条件和制度目标上有所不同。

自20世纪90年代以来，缴费型和非缴费型养老保险制度的融合是国际上养老保险制度改革的主要趋势（刘桂莲和房连泉，2020）。由于人口的老龄化进程的加快，世界各国的社会保障体系面临越来越大的压力。发展中国家面临着更为严重的产业转型和技术变革，大量的非正规劳动力涌入劳动力市场。如果没有公共部门的干预，老年人口陷入贫困的风险加大。虽然缴费型养老保险给付较高，对财政造成的负担较小，但它制度设计复杂，管理成本高，无法有效覆盖低收入人群和非正规工作群体。而非缴费型养老保险制度设计较为单一，管理成本也较低，可以极大地提升养老保险的覆盖范围（张思锋和李敏，2018）。从二者的功能区分来看，缴费型养老保险的受益前提是正规就业和缴费，而非缴费型养老保险制度是以较低的保障效果减少贫困，扩大养老保险的覆盖面。

二、农村社会养老保险制度

农村社会养老保险制度是相对城镇社会养老保险制度而言的，其目的旨在为广大农村居民提供基本养老保险。由于农村居民与城镇职工最本质的区别就是雇佣关系的不同，城镇职工的雇主往往是企业、机关事业单位或者灵活就业的自我雇佣；而农村居民属于自我雇佣的状态，不存在实际雇主①。因此，农村社会养老保险制度不存在雇主缴费，财政通过向农村居民支付基础养老金的方式，实际承担农民雇主缴费的责任。

农村社会养老保险制度不根据参保人的职业而是根据农村居民的身份来提供基本的社会保障，年满16岁的农村居民均可参保，不受雇佣身份的影响。我国农村社会养老保险制度与国外非缴费型全民社会保险计划具有重要的相同点，即为特定人群提供养老保险福利。

在新中国成立至“老农保”试点之前，我国农村地区在相当长的一段时间内没有建立系统的社会养老保险制度体系。1956年，我国在农村地区实行“五保”制度，但是“五保”制度的实质是社会救济，并不是一种社会养老保险制度。我国农村社会养老保险制度起源于1992年，民政部颁发《关于印发〈县级农村社会养老保险基本方案(试行)〉的通知》②，标志着我国“老农保”正式建立。“老农保”的制度模式采用农村居民自我储蓄的方式，政府并不承担任何补贴责任；年满20周岁的农村居民便可参保，按照2～20元的档次自主缴费，缴费金额进入个人账户；在参保人年满60岁之后便可领取养老金，个人账户养老金分10年发放。“老农保”的实施实现了我国农村社会养老保险制度从“无”到“有”的历史性跨越。由于“老农保”仅仅要求农民自我储蓄，没有体现共济的社会养老保险的基本原则，所以农村居民参保积极性很低。到了20世纪90年代末，“老农保”基本走向衰败和停滞。

2009年，国务院颁发《关于开展新型农村社会养老保险试点的指导意见》③，农村社会养老保险迈入“新农保”时期。“新农保”在养老金给付的结构上，引入了由财政支付的基础养老金，体现了政府责任和社会保险属性。相较于“老农保”，“新农保”在个人账户的基础上增加了基础养老金部分，既能体现农村社会养老保险的共济原则，又能提升农民的个人责任意识，是我国第一个真正意义上的农村社会养老保险制度。

2014年国家决定将“新农保”和城镇非就业人员参加的城镇居民养老保险合并为城乡居民养老保险（简称“城乡居保”）。“城乡居保”的制度模式、筹资模式和养老金给付模式与“新农保”一样，仅仅是增加了个人账户的缴费档次。虽然，我国农村社会养老保险和城镇职工基本养老保险（包含机关事业单位养老保险）在制度模式、筹资方式和养老金给付模式等方面存在较大差异，但“城乡居保”首次实现了农村居民与城镇居民的制度统一，是我国向建立统筹城乡的社会养老保险制度迈出的重要一步。

---

① 宁光杰：《自我雇佣还是成为工资获得者？——中国农村外出劳动力的就业选择和收入差异》，《管理世界》，2012年第7期。

② 详见民办发〔1992〕2号文。

③ 详见国发〔2009〕32号文。

三、城乡统筹社会养老保险制度

城乡统筹社会养老保险制度是目前我国农村社会养老保险与城镇职工基本养老保险（包含机关事业单位养老保险）存在制度分离的基础上提出的理论。我国城镇职工基本养老保险覆盖的是城镇地区的企业职工、机关事业单位职工以及灵活就业人员，而农村社会养老保险覆盖的是农村居民。城镇职工基本养老保险筹资来源是雇主缴费及个人缴费，属于社会保险；而农村社会养老保险筹资来源仅为参保人的个人缴费，社会统筹部分由财政负责发放，因此属于“社会福利＋社会保险”。城乡统筹社会养老保险制度可以分别从定位、待遇水平、覆盖率、财务可持续性四个方面来解释。

第一，制度定位。虽然目前我国农村社会养老保险制度和城镇职工基本养老保险制度均采用统账结合的制度模式，但是两者在统筹账户上有重大区别。城镇职工基本养老保险的统筹账户来自雇主缴费；而农村社会养老保险制度的统筹账户不需要缴费，基础养老金直接由财政发放，实际上是非缴费型养老保险与个人账户相结合的制度模式。由于我国农村居民收入相对较低，这种制度模式应该会在相当长的一段时间内发挥重要作用。因此，在不改变制度模式的前提下，建设统筹城乡社会养老保险制度的重点问题就是如何提高农村社会养老保险保障效果。

第二，待遇水平的确定。与城镇职工不同，农村居民收入相对较低，消费水平也不高。因此，实现社会养老保险的城乡统筹不是城乡居民养老金的绝对平等，而是在相对水平下实现农村居民和城镇居民养老金替代率的大致相等。由于城镇职工基本养老保险基础养老金计发基数是上年度社会平均工资，所以农村社会养老保险基础养老金的计发系数宜采用上年度农村居民人均可支配收入为计发基数，通过一定的比例发放养老金。这样既可建立基础养老金的自动调整机制，城乡又能实现在相对水平下，社会养老保险保障水平的大体相同。

第三，制度覆盖率。由于农村社会养老保险制度是一种不分参保人职业的社会养老保险制度，因此只要是农村居民即可参保。然而，随着城镇化和工业化进程，我国“农民工”已超过 2.9 亿人①，而以灵活就业人员身份参加城镇职工基本养老保险的参保人已达到 2 亿人，一些农民工以灵活就业人员的方式参加城镇职工基本养老保险，而一些农民工以农民的身份参加城乡居民养老保险。因此，我国亟须建立统筹城乡的社会养老保险制度，解决这种不合理的制度安排。

第四，养老保险基金财务可持续性。城镇职工基本养老保险制度的“基金池”由

① 数据来源：《2019 年农民工监测调查报告》。

企业缴费和个人缴费组成，而农村社会养老保险制度仅存在个人账户基金。因此，城镇职工基本养老保险面临更复杂的精算平衡问题。考虑到未来我国人口老龄化问题，打破现有的制度藩篱，建立统筹城乡的、多层次的、可持续的社会养老保险制度是保持我国社会养老保险基金财务可持续的最根本的方法。

第二节　农村社会养老保险制度理论基础

一、公共产品理论

（一）公共产品的定义

在经济学中，对于公共产品的定义主要来源保罗·萨缪尔森1954年的文章“*The Pure Theory of Public Expenditure*”。公共产品是指同时具有非竞争性和非排他性的产品，如国防和环境保护等。非竞争性是指增加一个人对该物品的消费不会减少另一个人对该物品的消费，换句话说，增加一个消费者的边际成本为零；而非排他性是指一个人无法阻止不付费者对公共产品的消费，或者在技术上实现排他。

公共产品和私人产品可以通过不同的消费函数来体现。私人产品的消费量是简单的个人消费量的加总，它的消费函数为：

$$X_j = \sum_{i=1}^{I} X_j^i \quad (j = 0,1,\cdots,J) \tag{2.6}$$

而公共产品是指集体消费，它的消费函数为：

$$X_k = X_k^i \quad (i = 1,2,\cdots I; k = J+1,\cdots,J+K) \tag{2.7}$$

然而，严格满足萨缪尔森定义的公共产品在现实生活中很少见，现实世界中大部分产品介于纯公共产品和纯私人产品之间，布坎南在萨缪尔森的基础上更进一步地提出了准公共产品。准公共产品是指不同时具有非竞争性和非排他性的产品，这类产品往往具有“拥挤性”，即当消费者的数量达到一定程度后，边际成本变为正，减少原有消费者的效用。

准公共产品根据非排他性和非竞争性又被分为两类。第一类是俱乐部产品，它是指具有非竞争性但可以实现排他的产品，如桥梁和图书馆等；第二类是共有资源，它是指无法实现排他但在消费上有竞争力的产品，如煤矿和公共渔业资源等。

（二）农村公共产品的定义

关于农村公共产品，国内学者有一些不同的定义。熊巍（2002）认为农村公共产品是指私人部门不愿意在农村范围内提供的，同时具有非竞争性和非排他性的社会产品，这些产品会使农村受益。陶勇（2001）认为农村的公共产品是与农民私人产品相对立的，它必须满足农村公共需求，又必须同时具有非竞争性和非排他性。

上述定义虽然对农村公共产品的概念表述有所不同，但是都基本遵循萨缪尔森对于公共产品的定义。第一，农村公共产品属于公共产品的范畴，它与农村私人产品对立。第二，农村公共产品是与城市公共产品相对应的，它的受益对象主要是农村、农业和农民。例如，为农村修建高标准水利农田和为农民提供社会保障就属于农村公共产品的范畴。

农村公共产品在性质上必须满足公共性和公平性的特征。一方面，农村公共产品的公共性是指在市场失灵存在的情况下，私人部门无法提供农村公共产品，必须由政府主导。这类产品主要表现为农村社会管理和公共服务，例如农村基础教育、农村基本养老和农村基本医疗。另一方面，农村公共产品的公平性是指与城镇公共产品对应，供给方（政府）需采取特殊的政策与措施，从体现公平的原则出发，向农村和城镇居民提供均等化的公共产品和服务。

（三）农村公共产品的分类

根据萨缪尔森的定义，农村地区的公共产品由纯公共产品和准公共产品构成。在公共产品的定义下，农村纯公共产品必须具备非竞争性和非排他性。农村纯公共产品主要包括：农业基础科学研究、农村地区生态环境整治。准公共产品是在一定程度上具有竞争性和排他性的产品，但程度较小，类似的准公共产品包括：农村道路建设、水利农田建设等。

二、福利经济学理论

（一）早期的福利经济学

福利经济学是经济学的重要分支，同时也是研究社会保障制度的重要理论基础之一。福利经济学形成于20世纪开端的英国，最早是由英国经济学家庇古提出，后经过一系列的改良，形成新福利经济学，即现代西方福利经济学。

早期的福利经济学家庇古认为，福利经济学研究的是集体或者国家如何增进福利的学科，评判福利增进的标准是国民收入及国民收入的分配情况。只要在不减少穷人的前提下，国民收入得到增加，那么社会福利就能得到增进。

根据古典经济学派的边际效用递减规律，庇古认为增进社会福利有两种方法：一是实现收入均等化，即政府通过再分配的手段将财富从富人转移到穷人的手中；二是实现资源最优配置，使生产资料在各部门中达到分配的最佳状态。庇古的福利改进理论认为国家需要向富人征税，将一部分收入通过社会服务设施、社会保障制度等方式补贴给穷人。

然而，早期的福利经济学也存在一些问题。早期的福利经济学是以基数效用论为基础的，但是随着序数效用论的发展，越来越多人认为效用是人的主观感受，不可直接用数量来衡量；早期福利经济学认为货币存在边际效用递减规律，这意味着富人的货币应该转移给穷人，这种观点也遭到西方经济学家的抨击。

（二）现代西方福利经济学

到了20世纪中期，新福利经济学通过“消费可能性曲线”“序数效用论”和“无差异曲线”等方法，丰富了庇古的福利经济学理论，在帕累托标准的基础上，希克斯和艾伦发展出了新福利经济学。新福利经济学具有以下几点特征：第一，使用偏好来表示效用；第二，只是用序数效用论，一定程度上解决了基数效用论带来的一系列问题；第三，使用帕累托概念及其有关边际条件。新福利经济学通过分析市场失灵，提出如何通过政府干预来弥补市场缺陷，并实现福利最大化。

（三）福利国家论

福利国家理论最早是由英国大主教威廉·坦普尔（William Temple）在1941年提出的，但直至2000年才被英国经济学家尼古拉斯·巴尔（Nicholas Barr）在其《福利国家经济学前沿问题》中完整解释。巴尔认为福利国家可以被定义为“国家在以下领域的缩略语：健康保健、现金津贴、教育、住房及其他福利设施”，福利国家的存在，一方面是为了救助贫困和引导收入再分配，另一方面是提供保险引导生命周期的跨期分配。根据萨缪尔森的理论，福利国家的定义是：政府通过调节市场的力量来保证个人应对意外事故，保障人民的最低生活水平。孙炳耀①在《当代英国瑞典社会保障制度》中提出，福利国家的概念强调供给者是政府，如果一个国家能被称为“福利国家”，那么该国家必须满足以下三个条件：第一，福利支出必须占政府公共支出的比重达到一定比例；第二，福利支出占国民生产总值的比重要达到一定比例；第三，福利制度中存在较大的再分配。

福利国家理论的发展大概经历了三个阶段，第一个阶段是20世纪60年代之前，第二个阶段是20世纪60年代中期至20世纪80年代，第三个阶段是20世纪80年代至今。

在20世纪60年代之前，除了英国、法国等老牌资本主义国家外，其他国家的社会保障制度才刚刚起步，似乎没有出现任何财政和经济问题，因此福利国家理论还未

① 孙炳耀：《当代英国瑞典社会保障制度》，北京：法律出版社，2000年，第23页。

成为经济学界讨论的重点。

到了第二阶段，在20世纪60年代中期兴起的美国反贫困运动极大地推动了福利国家理论的研究。这个时期经济学家研究福利国家主要有四个特征：第一，随着市场失灵、公共物品供给问题和外部性理论的确立，福利的公共问题得以找到理论依据，经济学对收入分配问题极大地受到了伦理学影响。第二，这个时期福利经济学的研究重心是从供给方出发，即采用供给学派的方法，强调福利国家的作用应该着重影响“供给”而不是“需求”，这与凯恩斯学派的需求管理理论形成了鲜明的对峙。第三，经济学家们开始广泛采用微观经济学理论，尤其是采用建立在微观经济学框架上的新福利经济学来研究福利国家理论。第四，经济学家们开始将经济政策和公共政策的协调性纳入福利国家的研究框架中。

第三阶段是经济学界讨论社会保障改革和福利国家理论最活跃的时期。不仅微观经济学对福利国家理论的研究达到了前所未有的高度，宏观经济学也开始作为一个独立学科对福利国家开始了相关研究。在宏观经济学框架中，医疗保健、养老保险和高等教育的相关福利部门成立了单独研究福利国家的体系。

三、制度经济学理论

（一）制度经济学的发展历程

旧制度经济学是由德国历史学派、达尔文“进化论”以及“职能主义”心理学整合而来的。20世纪20年代的约翰·罗杰·康芒斯和卫斯理·米切尔是旧制度经济学的主要代表人物。康芒斯主要是从国家和法律制度的作用来解释制度经济学，认为法律和制度是决定社会经济的关键。而米切尔则以物价、货币和经济危机为对象来研究制度经济学。这时候的旧制度经济学反对自由放任，主张对私有经济进行干预，重视国家和制度在经济发展当中的作用。

新制度经济学产生的标志是科斯在1937年发表的论文《企业的性质》，西奥多·舒尔茨是较早对新制度主义经济下定义的经济学家，他在《制度与人的经济价值的不断提高》[①] 一文中提到，制度是一种涉及社会、政治和经济行为的规则。而诺思在《经济史中的结构与变迁》一书中给制度下过这样的定义：制度是由规则、伦理和法律构成的规范和程序，它的实质是追求主体福利最大化的个人行为。[②]

---

① （美）罗纳德·哈里·科斯等：《财产权利与制度变迁——产权学派与新制度学派译文集》，刘守英等译，上海：上海人民出版社，2014年，第253页。

② （美）道格拉斯·C·诺思：《经济史中的结构与变迁》，陈郁等译，上海：三联书店，1991年，第225页。

（二）制度的功能

制度的本质是用来规范和约束人的行为规范的，它的主要功能有以下四点：一是为了减少成本，尤其是交易成本。制度能够通过减少交易的不确定性、减少外部性、防止机会主义等方式减少市场交易的成本。二是，减少经济活动的外部性。由于存在外部性，市场无法准确地调配资源，因此制度可以让通过减少外部性或者将外部性内在化，以实现资源的有效配置。第三，制度能够减少信息不对称。制度能够给经济主体提供相关信息，使得经济行为有可预见性和可理解性，减少获取和使用信息的成本。第四，制度可以提供奖励机制。制度通过提倡和限制一系列经济行为引导人们的经济行为方向，约束人们的机会主义心理，改变人们的偏好，可以增进整体经济的绩效。

（三）制度变迁理论

制度变迁理论是指制度的动态变化，它包括制度初创、制度改进和制度的废除。从制度变迁的主体来看，诺思①按照制度变迁的逻辑将他们分为社会首要集体（Primary Action Group）和社会次级集体（Secondary Action Group）。社会首要集体往往是制度的制定者和改进者，他们又被称为“制度企业家”（Institutional Entrepreneur）；而社会次级集体主要是社会首要集体的政策实施者。

利益最大化是制度变迁的基本动力。从帕累托最优的角度来看，现有的制度安排下，资源配置还没达到均衡状态，因此，存在帕累托改进，经济主体则有动力引发制度变迁。换句话说，制度变迁也可以解释为一项制度安排，从非均衡变为均衡的改进过程。

从制度变迁的方式来看，林毅夫②将制度变迁分为“诱致性变迁”和“强制性变迁”。根据林毅夫的解释，“诱致性变迁”是由一个行为团体主导的，是由行为团体自主组织和实施的；“强制性变迁”的实施主体是政府，政府通过颁布法律或者建立规章强制实行的。

（四）政府与制度变迁

诺思（1994）③ 认为国家的存在是经济增长的关键，在所有关于长期的制度变迁分析中，国家模型都是不可或缺的部分。新制度经济学认为，制度变迁的主体是个人、

① （美）罗纳德·哈里·科斯等：《财产权利与制度变迁——产权学派与新制度学派译文集》，刘守英等译，上海：上海人民出版社，2014 年，第 253 页。

② 黄少安和刘海英：《制度变迁的强制性与诱致性——兼对新制度经济学和林毅夫先生所做区分评析》，《经济学动态》，1996 年第 4 期。

③ （美）道格拉斯·C·诺思：《制度、制度变迁与经济绩效》，杭行译，上海：上海人民出版社，2014 年，第 29 页。

组织或者政府。其中，政府是制度变迁中最重要的主体，它在制度变迁中发挥着非常重要的作用。这种作用不仅体现在诱致性制度变迁和强制性制度变迁中，也表现在制度变迁的需求和供给之中。

从需求的角度来看，政府在制度变迁中的作用可以总结为以下几点。首先，政府可以通过改变资源配置方式和要素的价格来创造民众对制度变迁的需求，诱致制度变迁；其次，政府通过科技创新以及引导新技术、新产品的进入，为制度创新创造土壤；再次，政府通过颁布法律和法规，强制性地引起制度变迁；最后，政府能够通过经济政策，主要是通过财政手段和货币手段，导致制度变迁。

从供给的角度看，政府在制度变迁中的作用也十分明显。第一，政府可以快速实施制度供给，高效地解决制度短缺问题。第二，由于制度变迁存在路径依赖，政府通过维持或者修改现有制度安排的路径依赖，推动制度变迁的良性循环。第三，政府可以促进存量的增加，增进制度供给能力。

四、社会保障理论

从经济学的角度来看，社会保障基本理论是关于政府与市场的作用以及这两者之间相互关系的问题，同时也是公平和效率的问题。社会保障作为一种再分配制度，它是政府干预市场资源配置的一种手段，也是政府为了平衡公平与效率的一种重要方式。

（一）国家干预主义（Economic Intervention）的社会保障理论

国家干预主义，又名国家经济主义（Economic Statism）或者国家干涉主义（State Interventionism），是一种为了改进民众福利的经济政策，利用国家政策手段，修正市场失灵的经济学分支。经济干预主要是由一国政府或者跨国经济组织实施的，最主要的目的是为民众提供公共产品。国家通过经济干预可以达成一系列的政治和经济目的，例如促进经济增长、增加就业、增加居民可支配收入、调节价格、促进收入分配公平等。

国家干预主义起源于19世纪初的德国，在英国、法国等老牌资本主义国家实行古典学派的自由经济主张的时候，德国为了保护本国利益和民族经济的发展，采取了国家干预主义。19世纪中期建立的历史学派（History School of Economics）以及19世纪末建立的新历史学派对世界上第一个社会保障体系在德国建立产生了深远的影响[①]。

新历史学派在经济政策上与奥地利学派高度对立，新历史学派认为，国家应当在民族独立和秩序稳定的基础上大力运用经济发展职能。此外，历史学派注重人的伦理道德发展，他们认为人类不能仅仅满足物质上的欲望，还应该在经济问题上追求更高层次的

① 德国于1889年颁布了《老年和伤残保险法》，该法是世界上最早的关于养老保障的法律。

发展。因而，国家应该通过干预手段，建立社会保障制度，照顾孤寡老人和残障人士。历史学派的观点被俾斯麦高度采纳，在德国建立了世界上第一个社会保障制度。

1929 年至 1933 年经济大萧条时期，原来的崇尚经济自由的新古典学派受到抨击，在有效需求严重不足、失业率居高不下的美国，凯恩斯的国家干预经济理论应运而生。凯恩斯主张由于市场失灵的存在，经济无法达到充分就业的均衡水平，因此国家必须对经济进行干预。在凯恩斯主义中，社会保障是经济干预的重要手段，政府可以通过转移支付、累进税率和发放福利等方法调节初次分配。

到了 20 世纪 80 年代中期，新凯恩斯主义在凯恩斯主义的基础上发展而兴起。克林顿当选美国总统后，他向国会提交的经济报告《美国变革的前景》中提出了自己的政策主张。克林顿经济学包含了新凯恩斯主义的经济思想和政策主张，其基本内容是：政府必须干预经济，尤其是财政干预，以实现充分就业和经济增长的目标，长期增税减支以削减财政赤字，改革社会福利制度。

（二）经济自由主义的社会保障理论

经济自由主义的代表之一——美国供给学派产生于 20 世纪 70 年代，著名的学者有拉弗（A. B. Laffer）、芒德尔（R. A. Mundell）、马丁 · 费尔德斯坦（Martin Feldstein）等。他们对社会保障制度持否定态度，否认凯恩斯定律（需求创造供给）、肯定萨伊定律（供给创造其自身的需求）。

费尔德斯坦认为现收现付制的公共养老金计划会挤出个人储蓄，从而引致投资减少，进一步导致产出的减少，最终有碍于经济增长。他的研究为社会保障如何影响家庭的储蓄和消费提供了一个理论框架，并且揭示了社会养老保险会减少储蓄，并且会促使劳动者提早退休。费尔德斯坦估计，在 1929 年至 1971 年间，美国的社会保障制度大约减少了 50％的个人储蓄。

但是他的观点很快被萨缪尔森推翻了。萨缪尔森证明：无论是在一个封闭的经济中还是小型开放经济中，现收现付制度安排下的养老保险总会达到代际之间的帕累托最优，不会有任何一代承担福利的损失。

第三节　社会养老保险制度的政府责任

一、农村社会养老保险制度的政府责任

（一）农村社会养老保险制度的责任依据

一方面，政府在为农村居民提供基础养老金的同时会减少对其他群体的转移支付，

因此农村社会养老保险制度是一种准公共产品。农村社会养老保险的供给是农村居民在60岁以后重要的收入来源和享受我国经济社会发展带来红利的重要资格。在我国城乡二元发展的经济背景下，农村居民也为我国经济建设作出重要贡献，需要政府为农村居民建立养老保障制度并且对制度进行改进。如果政府不能为农村居民提供公平的社会保障体系，将会进一步加大城乡二元经济体制的裂痕。

另一方面，农村社会养老保险制度具有正外部性。第一，高效率的农村社会养老保险制度能够促进农村居民人均可支配收入的增长，拉动消费。政府为农村老年人口提供足额的养老金，不仅能够缓解我国农村地区老年贫困问题，还能通过增加农村居民人均可支配收入的方式激活广大的农村消费潜能。第二，农村社会养老保险能够一定程度上代替农村青壮年家庭养老责任，减少农村老年人口关于养老问题的后顾之忧，促进农村青壮年进城务工，加快人口流动，为加快我国城镇化事业提供丰富的劳动力。第三，建立农村社会养老保险制度是我国补齐农村地区民生短板的重要举措，由于我国农村居民人均可支配收入长期低于城镇，农村社会养老保险制度能够补齐我国农村地区民生的“木桶短板”，发挥社会保障制度共济的作用。

由于我国农村居民人均可支配收入较低，若政府无法提供农村社会养老保险，农村居民将无法承担老年生活的日常开支。政府建立农村社会养老保险制度是保障农村老年人口收入、合理分配农村居民跨期的收入和消费、为农村青壮年提供养老储备金的重要举措。

（二）农村社会养老保险政府责任边界范畴

根据制度经济学理论，社会首要集体和社会次级集体分别是制度的制定者和实施者。农村社会养老保险制度是一种准公共品，政府的责任边界范畴基本覆盖了制度制定、制度实施及制度监管等方面。

从制度建立来说，根据经济干预理论，政府通过利用公共权力和颁布法律，来弥补市场失灵。由于我国农村居民人均可支配收入较低，农村居民缴费意愿低，农村社会养老保险初期投资大、收益期长，再加上我国幅员辽阔，如通过市场来解决农村地区的养老保险是不实际的。长久以来，农村地区养老方式均以家庭养老、土地养老和个人储蓄养老为主。然而，随着城镇化和工业化的推进，大量农村青壮年进城务工，农村土地流失严重，农民失去了两个最重要的传统养老支柱。从农村居民最广大的利益出发，政府需要为农村居民提供社会养老保险制度，解决农村居民养老问题，完善农村地区的民生和社会保障制度。

从制度实施来说，政府是唯一能够实施农村社会养老保险制度的主体。第一，从“老农保”的首次试点，到“新农保”的试点和推广，到如今城乡居民基本养老保险的合并实施，农村社会养老保险制度走过了漫长的试点、全面铺开、改进，再试点、全面铺开、改进，如此往复循环，政府利用公共权力产生制度变迁，不断地改进农村社会养老保险制度。第二，政府承担着农村社会养老保险制度的财力支持。由于我国农村居民的劳动关系属于自我雇佣，不存在单位缴费，且在我国许多地方，村集体经济基础薄弱，很难为农村居民缴费。因此，政府在农村社会养老保险制度实施的过程中，需要同时承担农村居民“缴费方”的角色。第三，政府还承担着调整资金筹集及养老金给付标准的责任。随着我国经济的快速发展，农村居民人均可支配收入日益提高，政府需要根据精算平衡原理，对农村社会养老保险的资金筹集和养老金给付标准建立正常调整机制，以保障农村社会养老保险的保障效果以及基金的精算平衡。

从制度监管来说，政府是农村社会养老保险制度的监管主体。由于社会养老保险制度是一种非营利的社会保障制度，社会养老保险理应由政府部门管理。虽然我国的社会养老保险是由政府管理，但管理主体是地方政府，是世界上为数不多的由地方政府管理社会养老保险的国家。由于地方政府与中央政府存在信息不对称，所以政府不仅是社会养老保险制度的实施者，也是社会养老保险制度的监管者。由于社会养老保险是重大民生举措，养老基金规模庞大，在社会养老保险的资金筹资、基金管理和养老金给付的过程中，为了防止资金挪用等腐败问题发生，政府需要加强监管责任，提高社会养老保险资金使用效率。

农村社会养老保险制度是我国经济社会发展到一定阶段的产物，政府需要在农村社会养老保险制度发展的不同阶段承担不同的责任。在农村社会养老保险制度的初创阶段，制度设计是关键，政府需要考虑到农村社会经济发展设计农村社会养老保险的制度模式及实施方案；在农村社会养老保险的实施阶段，政府需要承担监管责任，保障农村社会养老保险的顺利运行；在农村社会养老保险实施一段时间后，政府需要根据精算平衡原理，承担调整费率及给付标准的责任，从而保障养老金能够满足农村居民日常生活，同时也不会给国家财力造成过重的负担。

二、政府建立统筹城乡社会养老保险的制约因素

政府在实施农村社会养老保险制度的过程中承担有限责任，农村社会养老保险是准公共产品，政府在实施农村社会养老保险制度的过程中受到财政收入和政府间财政关系的制约。

一方面，分析建立统筹城乡的社会养老保险制度是否可行，关键是看财力是否允许。近年来，我国经济下行压力加大，在国内长期紧平衡、减税降费和中美贸易摩擦的背景下，我国财政收入必将受到一定影响。统筹城乡社会养老保险制度的财

政支出主要的增量是对农村社会养老保险的财政补助。在农村地区，现行的城乡居民养老保险财政补贴既补“出口”，又补“入口”。补“出口”是指基础养老金的发放完全来自财政支出，其中，东部地区的基础养老金由中央财政和地方财政分别承担 1/2，中西部地区基础养老金由中央财政全额承担①。在制度建立之初，财政对农村居民发放 55 元/人/月的基础养老金，在 2020 年，国家将最低基础养老金提升至 105 元/人/月。补“入口”是指对财政个人账户缴费进行补贴，对于选择最低缴费档次的，个人账户缴费财政补贴不得低于 30 元，对于选择 500 元缴费档次以上的，个人账户缴费财政补贴不得低于 70 元。在城镇地区，自 1997 年我国实施统一的城镇职工基本养老保险制度后，中央财政和地方财政均对该制度进行补贴，1998 年至 2018 年补贴额度为 4.88 万亿元②，财政基本上是以补缺的形式对该制度进行补贴。由于我国城镇职工基本养老保险建立时间较晚，“老人”和“中人”几乎没有缴费纪录，再加上人口老龄化，导致制度赡养率高，直接导致城镇职工基本养老保险基金缺口越来越大。

另一方面，我国是世界上少数的中央政府不直接管辖养老保险体系的国家，在财政分权和分税制体制下，我国社会养老保险管理体制十分分散。在农村社会养老保险体系中，中央财政仅仅负责制定和为中西部地区发放最低基础养老金，同时为东部地区发放一半的最低基础养老金，未对地方政府加发的基础养老金和个人账户缴费的财政补贴额度进行硬性规定。在信息不对称和“道德风险”的驱使下，地方政府很难主动补贴农村社会养老保险，有等待中央财政“兜底”的心理倾向。此外，在我国财政分权体制下，我国地方政府财权与事权不统一，权责不清晰。目前，我国农村社会养老保险统筹层次低，市（县）级政府承担了养老保险的征缴、管理和给付。然而，市（县）级政府往往信息化程度低、经办管理机构水平低、财力有限，造成养老保险管理体制的混乱。

---

① 东部地区包括：北京、天津、河北、辽宁、上海、江苏、浙江、福建、山东、广东、海南；中西部地区包括：山西、内蒙古、吉林、黑龙江、安徽、江西、河南、湖北、湖南、广西、重庆、四川、贵州、云南、西藏、陕西、甘肃、青海、宁夏、新疆。地区划分根据社保待遇由作者整理，下同，不再赘述。

② 郑秉文：《非缴费型养老金："艾伦条件"下农村养老保险制度变迁与改革出路》，《华中科技大学学报（社会科学版）》，2020 年第 3 期。

第三章　我国农村社会养老保险制度的变迁

第一节　农村社会养老保险制度初创阶段（1949～1992年）

一、“五保”供养制度的产生

在新中国成立至“老农保”试点之前，我国农村地区在相当长的一段时间内没有建立系统的社会养老保险制度体系。新中国成立之后，我国通过学习和模仿苏联的“国家保障”模式，在1954年宪法中明确表明：“劳动者在年老、疾病或者丧失劳动能力的时候，有获得物质帮助的权利。国家举办社会保险、社会救济和群众卫生事业，并且逐步扩大这些设施，以保证劳动者享受这个权利。”这一时期农村居民养老主要依靠土地和子女供养。我国在1950年颁布了《土地改革法》，确保了农民的耕地权，在农业生产力提升、农业互助组和农业合作社发展的背景下，农村鳏寡孤独的贫困人口的生活得以保障。

我国最早的社会养老保险仅覆盖了行政事业单位和国有企业职工，而在1958年，我国通过《中华人民共和国户口登记条例》将居民划分为“农业”和“非农业”户口，农业户口人员无法享受城镇居民的养老保险待遇，这标志了我国二元养老保险制度的开端。

虽然社会养老保险制度并没有成功地在农村施行，但是党和政府在农村地区相应地建立了以社会优抚安置、社会救助和社会福利的社会保障制度。1956年，全国人大通过了《高级农业生产合作社示范章程》，规定了要在农村地区实行“五保”供养制度，即对无劳动能力、无生活来源的老人、无法定抚养义务人实行保吃、保穿、保住、保医、保葬的救助方式。“五保”供养制度对老人采取救助的方式主要分为两种：集中供养模式和分散供养模式。集中供养模式主要指农村老人入住敬老院，而分散供养模式包括“村供村养”“村供亲养”和“亲供亲养”。然而，从表3.1中可以得出，在“五保”政策之下，绝大多数的老人选择分散供养，选择集中供养的老人非常少。

表3.1 1980年、1983年、1984年“五保”供养老人数

年份	“五保”户供养老人数（万人）	敬老院供养人数（万人）	分散供养人数（万人）	敬老院供养占比
1980年	—	11	243	—
1983年	261	17	267	6.5%
1984年	262	24	245	9.2%

数据来源：《中国农村统计年鉴1985》。

注：敬老院供养、分散供养数据中还包含少量孤儿、残疾人等。

从严格意义上来说，这并不算真正意义上的社会养老保险，“五保”供养制度更像是一种低层次、低待遇、低覆盖的社会救助政策，仅仅是对特殊群体的“生存权”养老保障的兜底政策，大部分农民的社会养老保险仍然游离于制度之外。从表3.2中的数据可知，在新中国成立的十多年间，绝大部分人口都居住在农村，当时我国财力十分有限，1953年的财政收入仅为222.9亿元，无法为农村居民提供社会养老保险。

表3.2 新中国成立之初我国城镇、乡村人口情况（单位：万人）

年份	全国总人数	城镇人口数	乡村人口数	乡村人口占总人口比例
第一次人口普查（1953年）	60193	7526	50534	84.0%
第二次人口普查（1964年）	72307	9791	59667	82.5%

数据来源：《中国统计年鉴1981》。

注：城镇人口和乡村人口不含台湾省、港澳同胞、留学生等。

而到了“文革”时期，我国刚刚起步的社会保障事业陷入了前所未有的困境。第一，养老保障部门逐渐被撤销。当时负责我国民政、救济和优抚事业的内务部被撤销，干部职工养老事业陷入瘫痪；随后劳动部被撤销，社会保障事业彻底陷入无人管理的境地。第二，社会养老保险的统筹被叫停，城镇职工的养老保险由企业全权负责，这也意味着国家不再承担社会养老保险的责任，导致全国多地的养老保障事业因为财政支出压力而停滞不前。第三，农村地区的“五保”供养不断收紧，供养人员锐减至55万人。

综上所述，在新中国成立后，我国仅仅探索了家庭养老以及集体养老的模式，在城镇地区，单位包干制的社会救济及福利形式的养老成了城镇地区养老的主要模式。然而，在农村地区，呈现出了“碎片化”的制度安排，“五保”供养、土地养老和家庭养老共同维系着农村的养老供给。这种低效率、高成本的社会养老保险体系，再加上三年自然灾害和十年“文革”的破坏，使得本就脆弱的社会养老保险制度举步维艰。

二、以社区、乡镇和村为单位的探索

随着改革开放和经济的发展，为了解决农村地区农民养老的实际困难，少数村庄就已经开始推行老年农民退休政策。1982 年我国共有 11 个省级行政区的 3457 个生产队实行养老保险制度，凡是参加集体生产劳动满 10 年的、年满 65 岁的男社员和年满 60 岁的女社员可享受养老金待遇。全国范围内总共有超过 42 万名农民享受了养老金，每人每月可得 10 元至 15 元不等，养老金由生产队从企业利润和公益基金中支付，支付比例由大队和生产队按照实际经济情况进行分摊。这应该是我国最早的完全意义上的农村社会养老保险实践。

1987 年，民政部印发《关于探索建立农村基层社会保障制度报告》，报告指出我国要在农村地区探索社会养老保险制度，对农村社会养老保险制度模式、主管单位、资金来源、运营模式等一系列问题提出了初步构思。1989 年，民政部在北京大兴和山西左云县进行农村社会养老保险试点，试点基本确立了以“自我保障为主，辅之以集体、国家的扶持”的个人、集体和国家三方分担的原则。截至同年，全国共有 190 多个县、8000 多个村建立了农村社会养老保险制度，参保人数达 90 万①。

三、城乡二元养老保险的伊始

我国在探索农村社会养老保险的同时，城镇职工的社会养老保险制度已经初具规模。在城镇地区，以计划经济时期“国家包干”式为主的养老保险计划逐渐向社会统筹的养老保险制度过渡，各县、市按照“以支定筹，略有积累”的原则，按比例提取工资，实行养老保险社会统筹的试点。此外，该文件正式提出建立由个人、企业和国家三方共同承担的基本养老保险、企业年金保险和个人储蓄型养老保险相结合的多层次养老保险制度，企业和职工缴纳的社会保险费统一进入社会保障机构在银行设立的“养老保险专用账户”，实行专款专用，任何单位、个人不得擅自挪用。随着世界银行多层次养老保险模型在全世界的成功推广，我国根据多层次养老保险体系对社会养老保险制度进行了改进，在企业与个人的缴费比例、养老金计发办法、养老金个人账户

① 桂世勋：《中国人口老龄化与县级农村社会养老保险试点》，《人口与经济》，1991 年第 6 期。

等方面进行了更进一步的安排，详见表3.3。

表3.3 初创时期城镇与农村社会养老保险的比较

	城镇社会养老保险	农村社会养老保险
保障对象	城镇所有企业的职工（含城镇个体劳动者）	非城镇户口、不由国家供应商品粮的农村人口；乡镇企业职工、民办教师、乡镇招聘干部；外来务工人员
养老金筹集方式	个人、企业和国家三方共同承担的基本养老保险、企业年金保险和个人储蓄型养老保险相结合的多层次筹集方式。	分十个缴费档次，主要由集体统一缴费，个人不承担交费义务
养老金计发	缴费满15年的，参保人在退休后按月领取。基础养老金由当地上月平均工资的20%计发，个人账户养老金月标准为本人账户储存额除以120。	领取养老金从60周岁以后开始，根据交费的标准、年限，确定支付标准
养老金管理	企业与职工缴费统一进入养老保险专用账户	县（市）农村社会养老保险机构，在指定的专业银行设立农村社会养老保险基金专户，专账专管，专款专用。民政部门和其他部门都不能动用资金

资料来源：作者根据社会养老保险政策整理。

而在农村地区，民政部农村养老办公室在1992年制定了《县级农村社会养老保险基本方案（试行）》，确定了以县为基本单位的农村社会养老保险，并且初步制定了农村社会养老保险的基本原则：结合农村实际，坚持以保障老年人基本生活为出发点；坚持农民自我保障为主，社会互济为辅；坚持家庭养老和社会养老保险相结合。

四、探索阶段取得的初步成效和经验教训

在探索阶段，一些富裕的地区开始自发地建立社会养老保险制度，如上海嘉定、大连甘井子区等地，但这次试点没有获得成功。到了1990年，国务院规定了农村社会养老保险由民政部全权负责。社区型养老保险制度的短板十分明显：个人基本不缴费，养老金缴费主要由集体经济的经营效益决定，难以提供稳定可靠的经济来源；养老金计发方式混乱，没有经过严格、科学的计算；养老保险的管理部门水平较低，主要是村、企业或者乡镇自行管理，养老金流失、贬值等现象频发。从社会养老保险的定义来看，农村自发建立社区型养老保险制度还远远达不到社会养老保险的程度，这次试点最大的经验是：建立农村社会养老保险必须由县、市级以上政府制定办法、组织实

施，资金的筹集不能仅靠集体，必须引入个人缴费。

民政部在总结了早期试点的经验教训后，确定了以“个人交纳为主，集体补助为辅，国家予以政策扶持”的原则，于1991年在山东省组织了较大规模的试点工作，选择了龙口、牟平等5个县市进行全国首批农村社会养老保险试点地区。在这5个县市中，共有30个乡镇、281个村、39个乡镇企业的约8万人参加了社会养老保险。次年，民政部将试点工作推向全国，标志着“老农保”正式开始。

第二节　农村社会养老保险制度初步建立（1992～1999年）

一、“老农保”的发展过程

1992年民政部制定《县级农村社会养老保险基本方案（试行）》①，规定“个人交纳为主，集体补助为辅，国家予以政策扶持”，标志着“老农保”正式在全国范围内开始实施。

“老农保”在全国推行以来，我国建立了民政部农村社会保险司、农村社会养老保险管理服务中心等机构。截至1997年底，“老农保”在全国30个省（自治区、直辖市）的2097个县全面施行，参保居民达到了8289万人。

1998年，中央机构编制委员会办公室颁布《关于省级政府劳动和社会保障以及药品监督管理工作机构有关问题的通知》，该通知将农村社会养老保险的工作从民政部转移到劳动和社会保障部，国家主管部门在农村社会养老保险的管理问题上出现变化，再加上时值东南亚金融危机、养老保险基金利率下调等因素，全国各地出现农村居民退保、基金运行困难等现象。到1999年，国务院批转整顿保险业工作小组《保险业整顿与改革方案的通知》②，通知指出我国尚不具备发展农村社会养老保险的条件，叫停了已开展的“老农保”项目，将原有的“老农保”项目逐步过渡至商业保险。

二、“老农保”的主要内容及特点

根据民发办〔1992〕2号文的规定，农村社会养老保险的主要内容可以从立法、机构及管理，参保人及参保年限，保险费的缴纳，缴费档次、养老金给付标准和养老保险的迁入及迁出，基金的管理及保值增值，与过去养老办法的衔接六个方面来

① 详见民发办〔1992〕2号文。
② 详见国发〔1999〕14号文。

概括。

第一，立法、机构及管理。地方政府可以根据经济状况和农村人口数量对民发办〔1992〕2号文的内容进行调整。各级政府还需建立基金管理部门，其成员主要来自民政、财政、税务、审计、银行等部门。县级以上部门需要在乡镇地区设立农村社会养老保险办理站，负责保费筹集、建立个人账户、养老金给付等工作。在县、乡、村的三级管理体制下，农村居民需要在每年年初缴纳保险费，缴纳的保险费进入养老基金专门账户。

第二，参保人及参保年限。农村社会养老保险参保人包括：非城镇户口、不由国家供应商品粮的农村居民；乡镇干部、职工、外来务工人员。“老农保”参保年限为40年，参保人可以在20岁参保，在60岁领取待遇。

第三，保险费的缴纳。实行完全累积制下的确定缴费型（DC）模式，保险费的缴纳以个人缴费为主体，村集体予以一定补助，政府通过一定的政策扶持，即个人缴费要占总保险费的绝大部分比例，集体通过向村民发放乡镇企业利润予以补助，国家政策扶持主要体现在税前列支。

第四，缴费档次、养老金给付标准和养老保险的迁入及迁出。每月缴费标准共设10个档次，分别为2、4、6、8、10、12、14、16、18、20元。地方政府可以根据实际情况对缴费档次进行调整，采取按月征收或者按年征收保险费的形式。参保人年满60岁后即可领取养老金，养老金由参保时的缴费量和缴费时长决定。养老保险的迁入迁出分为两种情况：一是若参保人迁往已实施“老农保”的地区，则可将个人养老保险关系和个人账户迁入该地；二是若参保人迁往未实施“老农保”的地区，迁出地则需要解除该参保人的个人养老保险关系，并将个人账户上的本息归还参保人。

第五，基金的管理及保值增值。从原则上来说，基金通过存入银行或购买政府债券实现养老保险基金的保值增值。基金管理以县为单位，县级政府在当地银行设立农村社会养老保险基金账户，该账户只能用于存、取养老保险基金，不得用作其他用途。税务部门对农村社会养老保险基金的收益、农村社会养老保险管理费及个人账户的养老金免征税费。

第六，与过去养老办法的衔接。保留现行的“五保”户、贫困户、社会救济对象、优抚对象的政策。保留各类乡镇企业自行办理的各类养老保险，鼓励发展个人储蓄的养老保险。

“老农保”的特点十分明确。一方面，从制度的制定，到农村社会养老保险的具体实施，都是由县级政府负责，这与我国1994年分税制改革有很大关联。在当时的历史背景下，如何重新划分中央与地方政府的财权和事权仍是一个严峻问题，在从财政包干制变革到分税制的过程中，国家无暇顾及是否有充足的财力补贴“老农保”。事实上，民发办〔1992〕2号文更像是一份指导性的“纲领”，县级政府在具体实施中有很大的话语权，例如缴费标准的选择、养老金发放的年限、基金的管理等。农村社会养老保险基金则是由县级政府的下属机构来管理，统筹层次和管理层级较低。另一方面，由于“老农保”是一个自愿参加、自我累积储蓄型的养老保险制度，在个人账户完全累积制的框架下运作，所以从本质上讲“老农保”是一个确定缴费型（DC）完全累积制社会养老保险制度。与现收现付制不同，农村居民缴纳的“老农保”保费完全进入个人账户，直至60岁之后才能领取并使用，不存在代际转移支付。

在农村社会养老保险覆盖面方面，截至1997年末，我国共在239个地区（市）、2005个县（市、区）和33140个乡镇开展了“老农保”的工作，年末在保人数达到7452万人，当年领取保险人数达到61万人。全国范围内有20多个省级政府的民政部门建立了农村社会保险管理处。到了1997年，我国总共建立了214个地市级以上的农村社会养老保险机构，2046个县级机构和1985个乡镇级机构。

三、对“老农保”的基本评价

“老农保”从1992年开始全面实施到1999年被全面叫停，仅仅只有七年时间。由于我国当时农村各地区经济发展不平衡，农村地区老年人口众多，国家建立以低标准、保障基本生活的完全累积制的农村社会养老保险事实上是可行的，但由于制度的缺陷、管理的疏忽和配套措施缺位，“老农保”难以为继。主要原因有以下三点：

第一，政府管理责任不明确和财政政策缺位。一方面，1998年国务院机构改革，将“老农保”的工作责任由民政部转移至劳动和社会保障部，两个部门在农村社会养老保险制度的模式选择上意见不统一，劳动和社会保障部认为农村社会养老保险不应该由国家出面举办。另一方面，政府的财政责任在农村社会养老保险制度中严重缺失。国家责任和社会公平是农村社会养老保险建立的必要前提，财政责任主要体现在财务可持续性和明确财政补贴机制。“老农保”的资金筹集来源是个人、集体，国家予以一定的政策扶持。然而，在没有硬性规定下，集体补助的积极性很低，国家政策扶持又仅仅停留在乡镇企业职工集体补助部分可以税前列支的层面。“老农保”的实质是农民自我储蓄的制度，来自集体的补助和财政的补贴几乎为零，因此，“老农保”仅仅是国家引导农村居民进行储蓄，与农村居民自行将“养老”的钱存入银行并无实质区别。

第二，制度统筹层次过低和效率低下。由于我国各地区之间经济发展水平差距较大，各地方政府可以根据自身情况制定资金筹集模式及养老金给付标准，形成临时的实施办法，这些实施办法往往缺乏法律效力，所以地方政府在制度建立、费用筹集和基金管理等方面有很大的话语权。从“老农保”的管理体制来看，农村社会保险的基金仅仅是县级政府的下属机构负责管理，管理层次十分低下。同时，由于地方政府管理不到位，保险对象混乱、制度的监管责任缺失、基金被挪用和挥霍的情况十分普遍。

第三，基金的保值增值难和激励效率较低。农村居民在缴纳保险的时候可以从 2 元至 20 元的 10 个缴费档次当中选择。然而，由于当时农村经济水平较低，加上大家都对“老农保”缺乏信心，都选择了最低的缴费档次。此外，县级政府可以直接从基金中提取一定数额的管理费来弥补业务经费的不足，在集体补助和财政补贴缺位的情况下，参保人不仅要养活自己，还要花钱供养庞大的农保机构，导致制度很难获得参保人的认同。在通货膨胀较为严重的当时，“老农保”基金贬值问题十分严重，制度面临较大的支付风险，再加上县级政府中缺乏管理基金的专业人才，导致基础养老金标准、购买力水平十分低下。

第三节　农村社会养老保险制度完善（1999～2014 年）

一、“新农保”的发展过程

随着我国社会主义市场经济体制基本建立，国民经济持续高速向好发展，在党中央的鼓励和重视下，在“老农保”被叫停不久后，一些地方开始突破了“老农保”原有的制度框架，开始探索新的农村社会养老保险制度①。以下介绍三种典型的新型农村社会养老保险制度模式。

北京模式：北京市在 2003 年在大兴、通州等五个区率先实行《北京市农村社会养老保险制度建设指导意见》，主要内容有：面向就业年龄内的农业人口建立以个人账户为主，具有待遇调整机制的养老保险制度；资金来源于个人及财政补贴，其中人均财政补贴为 50～70 元；在新老农村社会养老保险衔接方面，农转居和农民工社会养老保险转移等问题上做了细致规定；在管理机构上，农保工作人员的工资和工作经费一并列入财政预算，不再在养老金基金池提取管理费。此外，通州区还在 2004 年颁布

① 李冬研：《“新农保”制度：现状评析与政策建议》，《南京大学学报（哲学．人文科学．社会科学版）》，2011 年第 1 期。

《通州区失地农民养老保险试点办法》，对通州区内16岁以上的失地农民试行养老保险制度，保费缴纳由参保人、村集体和区财政三方共同承担，个人缴费全部进入个人账户。

苏州模式：苏州总结了“老农保”的主要内容，根据农村劳动力的不同渠道，建立了“一个体系，两种办法”的农村基本养老保险体制，将乡镇企业职工纳入城镇职工基本养老保险，将农村居民纳入农村社会养老保险。在制度模式上，苏州市政府选择了“养老津贴＋个人账户”的模式；全面实行老年农民社会养老补贴制度，对年满60岁的男性和55岁的女性发放老年农民社会养老补贴。到了2006年底，苏州全市共有180万人农村居民参加农村基本养老保险和城镇职工养老保险，参保率达91％，共有90万人享受农村老年社会养老补贴，基本实现务农人员参加农村社会养老保险的全覆盖。

中山模式：中山市于2005年启动农村基本养老保险试点工作，采取统账结合的形式。村民可以在300元和500元的两个年缴费档次上选择缴费基数，参保单位（即村集体）负担8％，参保人负担92％。中山市财政安排5亿元进入农村基本养老保险统筹基金，每年安排1000万元用于农村基本养老保险基金补贴，镇（区）财政按辖区内参保人数每人每月5元的标准核发农村社会养老保险补贴，其中2.5元进入农村基本养老保险统筹基金，2.5元进入参保人个人账户。此外，中山还力促农民就业，鼓励村民通过就业参加城镇职工养老保险，享受更好的待遇。

虽然以上地区的新型农村社会养老保险试点工作做法差异大，对原有的农村社会养老保险制度有很大的调整，但总体上还是有许多共同点。首先，各地都充分发挥政府的主导作用，加大财政投入，发放财政直接补贴，建立不同的缴费激励机制；其次，各地建立养老待遇调整机制，将养老金给付与经济发展水平、收入水平和物价挂钩，使之能够充分保障农村老年人的基本生活需求；最后，与“老农保”相比，各地在农村社会养老保险的保障水平上有较大提高。

中央在充分考察各地自主实践的情况和学习“老农保”时期吸取的经验教训后，在2007年的中国共产党第十七次全国代表大会上指出，要积极探索农村社会养老保险制度。在2008年的中国共产党第十七届中央委员会第三次全体会议《中共中央关于推进农村改革发展若干重大问题的决定》正式提出建立“新型农村社会养老保险制度”。

二、“新农保”的主要内容及特点

“新农保”有以下五点主要内容：

第一，立法、机构及管理。各省（区、市）人民政府要根据《关于开展新型农村社会养老保险试点的指导意见》，结合当地实际情况，进行县级管理。

第二，参保人及参保年限。年满 16 周岁的农村居民均可参保，连续缴费满 15 年后即可在 60 岁领取基础养老金和个人账户养老金。

第三，保险费的缴纳与缴费档次。“新农保”资金筹集来源于个人缴费、集体补助和地方政府财政补贴。个人账户的缴费档次共有 100～500 元 5 个档次；“新农保”并未对集体补助作出硬性规定；地方政府财政补贴不得低于 30 元/人/年。

第四，养老金给付标准和养老保险的迁入及迁出。在“统账结合”制度安排下，基础养老金为 55 元/人/年，在全国最低基础养老金的基础上，地方政府可以根据情况加发养老金；在参保人 60 岁后可以按月领取个人账户养老金，每月领取的个人账户养老金为个人账户总金额除以 139。“新农保”保险关系可随着参保人迁移，缴费年限在迁出地和迁入地相互承认，累计管理，不得随着养老保险关系的迁移而清零缴费年限。过去“老农保”的参保人可直接参加“新农保”。

第五，基金管理及保值增值。“新农保”个人账户养老金基金实行县级统筹管理，县政府设立“新农保”财政专户基金。“新农保”并未明确地对基金的保值增值作出规定，实际操作中大多数县级政府都是将基金存入银行或者购买债券。

相对于 1992 年的“老农保”，2009 年开始实施的“新农保”制度是我国农村地区社会保障制度的一大进步，它基本上解决了农村地区社会养老保险制度的空缺问题，首次将所有农村地区居民纳入社会保障体系。“新农保”首次强调了养老保险的政府责任，在政府间财岐责任、养老保险基金筹集、财政转移支付、农村居民养老保险管理电子化等很多领域也有许多探索。

第一，“新农保”在完全累积制的“老农保”基础上进行改良，将养老金分为基础养老金和个人账户养老金，基础养老金体现了政府对农村老年居民的“兜底”责任、个人账户养老金体现了农村居民养老的个人责任。基础养老金没有形成资金池，它由政府每年全额支付；个人账户养老金部分仍然采取的是完全累积制的方法，但是与“老农保”不同的是，在个人缴费环节增加了地方政府财政补贴，补贴标准每人每年不得低于 30 元，对选择较高缴费档次的可以适当增加补贴。

第二，“新农保”实现了财政补贴的“补入口”及“补出口”。“补入口”是指地方政府为了激励农村居民多缴费，根据个人账户不同的缴费档次设置了不同的缴费补贴，以达到“多缴多得”；“补出口”是指中央财政和地方财政全额支付基础养老金。详情见表 3.4。

表 3.4　“新农保”财政补贴方案

环节	保障对象		中央财政	地方财政
缴费环节（入口）	农村社会养老保险个人账户	普通缴费群体	不补贴	补贴（≥30 元/人/年）
		选择较高档次的缴费群体	不补贴	补贴（≥30 元/人/年＋ 适当鼓励 ）
		缴费困难群体	不补贴	补贴（≥30 元/人/年＋ 100 元/人 /年的部分或全部）
养老金给付（出口）	基础养老金（55 元）	中西部地区	全额补贴	不补贴
		东部地区	补贴 50%	补贴 50%
	提高和加发部分的基础养老金		不补贴	全额补贴

资料来源：作者根据社会养老保险政策整理。

第三，“新农保”实现了政府责任的“介入”和财政补贴的“补位”。与“老农保”的政府责任和财政补贴缺位相比，政府首次明确了养老保险基金是由个人缴费、集体补助和财政补贴组成，并且组织社会保障部门和财政部门共同编制社会保障预算，明确各级财政的财权与事权。

第四，统筹水平仍然停留在县级政府。县级政府负责了农村社会养老保险的经办、管理和监督的主要工作。县级政府将养老金的个人缴费在当地银行设立专户，采用一年期存款基准利率计息，当消费者物价指数（CPI）高于存款利息时，个人缴费基金就存在贬值的风险。

三、对“新农保”的基本评价

“新农保”在制度上体现了对农村老年居民基本生活保障的福利性和惠农性，其中，参保方式、普惠型基础养老金以及社会统筹与个人账户相结合的保障方式大幅度地提升了农村社会养老保险的保障效果。

首先，基础养老金由中央财政和地方财政全权承担，基础养老金可以初步地保障农村老年居民的日常生活，体现了财政的“兜底”责任；中央财政支付东部地区 50% 的基础养老金，对于经济稍落后的中西部地区支付 100% 的基础养老金，体现了中央政府对基础养老金的因地制宜。地方政府还可以根据自身经济发展状况提高基础养老金。这样，无论是在贫困地区还是发达地区，在不考虑市、县级政府加发养老津贴的情况下，保证同一个地区的参保人能够领取到相同的基础养老金。其次，个人账户的财政补贴是激励农村居民多缴费的重要手段，同时也是提高农村社会养老保险保障效果的重要手段之一。从当时的农村经济发展状况来看，许多农村地区的集体经济组织没有补助参保农民的经济实力，一些地区农民个人账户缴费也十分困难。地方财政对所有参保人缴费环节，即“入口”，进行补贴，对重度残疾人和其他缴费困难群体的个人账户缴费包干，体现了政府的“兜底”责任，提升了农村社会养老保险的覆盖率。最后，通过“新农保”统账结合模式将财政“兜底”责任与农村居民个人养老责任结合起来，保障了农村社会养老保险的财务“可持续”性。基础养老金和个人账户相结合不但可以保持财务可持续，还可以解决农村社会养老保险转移的问题。然而，从“广覆盖，保基本，多层次，可持续”来看，“新农保”还存在以下几点缺陷。

（一）与“老农保”相同，制度“碎片化”问题仍然存在。

首先，在“新农保”试点阶段，各地区、各部门在缺少全国性指导政策的情况下，根据自身情况制定了不同的制度模式、政府补贴额度、筹资方式和待遇水平。以下将从制度模式、养老保险给付和缴费基础方面，用浙江和江苏举例：在养老保险制度上，杭州、宁波和温州等地实行“新农保”，而嘉兴及湖州等地实行“镇保”；在养老金险给付方面，绍兴的资格是缴费满 15 年，年龄达到 60 周岁，养老金月标准＝（财政补贴账户本息＋个人账户）÷156，台州的资格是年龄达到 60 岁，养老金月标准＝个人账户总额×0.0087；在缴费基础方面，苏南地区缴费基础是去年农民人均收入的 16％（其中财政补贴应缴总额的 60％），苏中地区缴费基础为去年农民人均收入的 20％（其中财政补贴应缴总额的 20％），苏北地区缴费基础为去年农民人均收入的 20％（其中财政补贴应缴总额的 10％）。从城乡差距上来看，城镇企业职工基本养老保险和农村社会养老保险在资金筹集方式、养老金给付、统筹层次等方面仍然存在较大的不同。详情见表 3.5。

表 3.5　2009～2014 年间城镇与农村社会养老保险的比较

	城镇企业职工基本养老保险	农村社会养老保险
文件纲领	国发〔1997〕26 号、国发〔2005〕38 号	国发〔2009〕32 号
养老保险模式	社会统筹和个人账户相结合	社会统筹和个人账户相结合
参保对象	城镇各类企业职工、个体工商户和灵活就业人员以及农民工	16 周岁以上的农村居民
资金来源	个人根据本人上一年度月平均工资的 8％缴纳，企业根据职工上一年度月平均工资的 20％缴纳	个人缴费、集体补助和政府补贴
养老金给付	基础养老金（省、自治区、直辖市上年度职工月平均工资的 20％）以及个人账户养老金	基础养老金（55 元）和个人账户养老金
统筹层次	市级统筹	县级管理

资料来源：作者根据社会养老保险政策整理。

（二）“新农保”参保人缴费少，地方财政补贴压力大，集体补助缺位。

根据“新农保”个人账户的设置，资金筹集来源主要是个人缴费，并且国发〔2009〕32号文只是规定了地方政府补贴的最低金额，并未对缴费激励政策和集体补助做出硬性规定，导致各地村集体缺乏补助的积极性。下面将用2009年的人口、财政方面等数据来分析个人、集体和各级财政的负担。

第一，从缴费档次设置来看，每年100～500元的缴费档次，各地可根据自身经济状况和农村居民收入调节缴费档次。总体来看，如果农村居民选择100元进行缴费，则农民缴费支出仅占2009年农民纯收入的1.94%，农村居民完全有能力自主负担。分地区来看，上海农民人均纯收入在全国最高，最低缴费标准和最高缴费标准占人均纯收入的比重最低，其中最高缴费标准仅占人均纯收入的4.01%。可见，发达地区的农民不仅完全有能力负担个人缴费部分，而且还可以选择最高的缴费标准。甘肃、贵州等地由于农村居民人均可支配收入较低，因此农村居民仅能负担最低的缴费标准。

第二，地方政府筹资有困难，财政压力较大。在东部地区，地方政府需负担基础养老金（每月每人55元）的50%，中西部地区无需负担。按照“新农保”的广覆盖原则，东部地区地方财政补贴额＝东部各地区农村15～64岁人口总数×30＋东部各地区农村65岁以上人口总数×55×50%×12；中西部地区地方财政补贴额＝中西部各地区农村15～64岁人口总数×30。虽然各地区的“新农保”财政负担不超过2%，但由于地方经济发展和财力的不平衡，一些贫困地区的地方财政压力很大。在东部地区，地方财政负担高于0.8%的有河北（1.91%）、福建（1.10%）、山东（1.26%）和海南（1.27%），共四个；而在中西部，地方财政负担高于0.8%的有安徽（0.84%）、江西（0.88%）、河南（1.12%）、湖北（0.84%）、湖南（0.90%）、广西（0.96%）、四川（0.88%）、贵州（1.26%）、云南（0.89%）、西藏（1.60%）、甘肃（1.35%）共11个。虽然中央已经全额支付中西部省份的基础养老金，但是由于中西部地区农村人口较多，个人账户缴费补贴仍然会给地方财政带来一定负担；此外，东部的农业大省如河北、山东的地方财政也不堪重负。另外，相较于省级财政和市级财政来说，县级财政的压力更大，尤其是我国中西部的县级财政，负担之重可想而知。

第三，中央财政补贴不到位。根据“新农保”的规定，对实施时年满60岁、未享受城镇职工基本养老保险的农民老年人发放基础养老金，无需缴费，但子女必须参保。中央财政每年对东部地区基础养老金补贴数额＝东部各地区60岁以上农村人口数×55×50%×12，中央财政每年对中西部地区基础养老金补贴数额＝中西部各地区60岁以上农村人口数×55×12。通过测算，中央财政在2009年对“新农保”补贴总额为363亿元。根据表3.6的数据，2009年我国中央财政收入为35915.71亿元，“新农保”补贴总额占中央财政收入的1.01%，而中央财政收入占财政总收入（68518.30亿元）的52.42%，中央财政支出仅占财政总支出的19.99%。所以“新农保”的中央补贴额度过低，中央财政完全有能力提高补贴比例，舒缓地方财政压力。

表3.6　2009年我国中央与地方财政收入情况

项目	中央		地方		全国（亿元）
	数额（亿元）	比重	数额（亿元）	比重	
财政收入	35915.71	52.42%	32602.59	47.58%	68518.30
财政支出	15255.79	19.99%	61044.14	80.01%	76299.93

数据来源：《中国统计年鉴2010》。

注：本书对相关数据进行处理时进行了修约，再进行累加或其他计算时可能产生一定误差，特此说明，下同。

（三）经办管理服务难和缺乏统筹基金管理的措施。

第一，2009年，全国参加农村社会养老保险人数为8691万人，比2008年增加了3096万人[①]。如此庞大的人口如何管理，是各县级部门面临的一大难题。根据邓大松和薛惠元（2010）的调查，陕西省的“新农保”参保人数从2008年的160万跃增至2009年的300万。以陕西宝鸡市陈仓区为例，陈仓区人口为60万人，农业人口高达50万人，而陈仓区经办机构的服务人员仅有四五个。如此庞大的公共服务需求却仅仅由县政府下的经办机构提供服务，包括缴费、账户、信息数据、档案等管理，考虑到不发达的信息系统，经办管理服务的难度可想而知。

第二，“新农保”缺乏基金管理的统筹措施。由于“新农保”采用了社会统筹加个人账户的模式，伴随着农村社会养老保险的迅速扩面，缴费收入形成的以县为单位的“基金池”会越来越大，如何确保“基金池”的安全、高效运营是“新农保”面临的重大难题。然而，“新农保”缺乏对基金管理的有效统筹，很可能造成基金贬值、被挤占挪用的风险。

第四节　城乡居民社会养老保险制度统一（2014年至今）

一、“城乡居保”的基本内容

2011年，国务院仿照“新农保”的制度模式为城镇非就业居民建立了城镇居民养

① 数据来源：《2009年度人力资源和社会保障事业发展统计公报》。

老保险制度，简称“城居保”。由于“新农保”和“城居保”具有相同的资金筹集及养老金给付模式，仅仅是个人缴费档次有区别。因此，2014 年国务院决定合并实施“新农保”和“城居保”，建立城乡居民养老保险，简称“城乡居保”。“城乡居保”沿用了“新农保”的基本方针，从覆盖范围、养老金待遇、制度衔接上作出了新的规定。“城乡居保”的运行模式与“新农保”十分相似，分为资格认定、资金筹集和养老金给付三个环节。详情见图 3.1。

由于“城乡居保”是由“新农保”和“城居保”合并而成，参保人主要是农村居民以及非就业城镇居民。在资格认定方面，根据“城乡居保”的参保条件，居民自主选择缴费档次进行参保。“城乡居保”在“新农保”100～500 元的 5 个缴费档次基础上增加了 600～2000 元 7 个缴费档次，共 12 个缴费档次；与“新农保”类似，“城乡居保”并未对集体补助作出硬性规定，仅规定有条件的集体召开民主会议确定补助金额；个人账户的缴费补贴仍然由地方政府承担，并且“城乡居保”仅规定了最低缴费补贴金额，最低缴费档次和 500 元以上缴费档次的最低财政补贴分别为 30 元、60 元。对于缴费困难者，地方政府要承担其缴费责任。

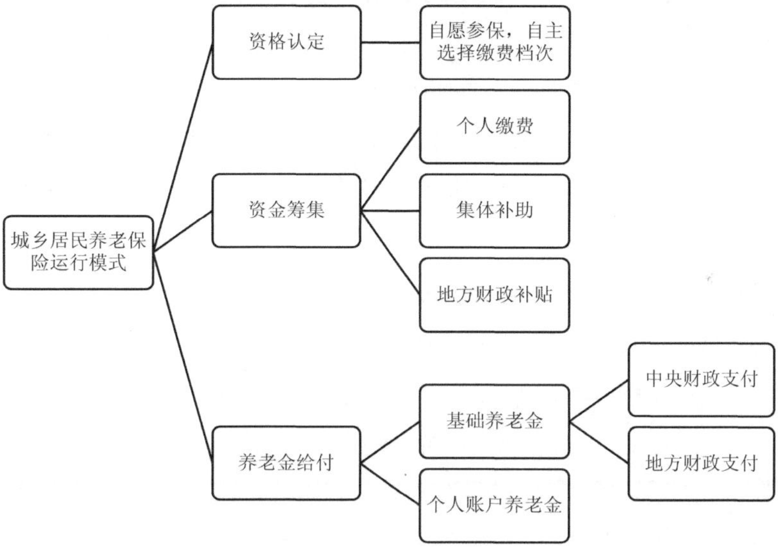

图 3.1　“城乡居保”运行模式

资料来源：作者根据国发〔2014〕8 号文整理。

“城乡居保”沿用了“新农保”的养老金给付模式，养老金由基础养老金和个人账户养老金组成。中央政府每年根据 CPI 制定基础养老金最低标准，各地方政府在基础养老金最低标准的基础上加发养老金。此外，地方政府需要为个人账户缴费超过 15 年的参保人加发长缴补助，长缴补助标准由地方政府自行制定。此外，在基础养老金部分，东部地区的基础养老金由中央财政和地方财政共同承担，中西部地区养老金由中央财政承担。个人账户养老金按照139的计发系数按月发放。

二、“城乡居保”的特点

（一）自愿参保，自主选择参保模式

社会养老保险制度是一种基本的社会福利制度，其中基础养老金体现财政“兜底”福利，个人账户养老金体现养老的个人责任，个人账户的实质是强制居民为了老年生活进行储蓄，以平滑居民的跨期消费。此外，必须将“广覆盖”纳入社会养老保险制度的考量中。由于“城乡居保”面临的是广大农民群体和城镇非就业居民，收入水平较低，缴费能力较弱，采用基础养老金和低缴费档次的设置能够引导居民以较低的成本参保，以达到迅速扩面的目的，补齐农村地区社会养老保险制度的“短板”。

（二）社会福利与个人责任相结合

首先，“城乡居保”的基础养老金实质上是一种“准”非缴费型养老金，即参保人选择任何档次进行缴费，都会获得固定的基础养老金，在政策实施时年满60周岁的老年人甚至无需缴费即可获得基础养老金，所以基础养老金部分实际上是一种非缴费型的社会福利。而个人账户要求参保人按照固定档次缴费，并且连续缴费满15年，是一种典型的DC型完全累积制社会保险。参保人可以选择较低档次缴费，地方政府也会根据实际缴费情况进行相应地补贴，能够在一定程度上引导参保人承担起个人养老的责任，强调个人缴费义务。

（三）缴费档次固定，财政补贴模式多样

“城乡居保”在“新农保”5个缴费档次的基础上，增加了7个缴费档次，各省级政府在100～2000元的缴费档次基础上可以增设缴费档次。为了实现个人账户的“多缴多得”，地方政府可以在最低缴费补贴的基础上增发补贴，形成个人账户缴费激励机制，鼓励参保人在条件允许的情况下选择高缴费档次，以提高个人账户养老金保障效果。除了个人账户缴费补贴外，“城乡居保”还会为参保人发放丧葬补助，并且为实际缴费困难者缴纳个人账户费用。

（四）明确了政府间的财政责任

首先，中央政府负责制定和发放最低标准的基础养老金，旨在体现制度的普惠性和公平性；地方政府在最低基础养老金的基础上加发基础养老金，体现各地方政府根据经济水平因地制宜。此外，地方政府还需要对个人账户缴费进行补贴，在充实“城乡居保”个人账户的同时，提高参保人缴费积极性。

（五）建立了基础养老金调整机制和个人账户缴费激励机制

国发〔2014〕8号文虽然规定了多缴多得、长缴多得的鼓励机制，但并没有规定具体的激励措施，让地方政府"给予适当鼓励"，这实质上赋予了地方政府制定激励措施的话语权，可能会导致各地出台的激励办法存在很大差异。此外，国发〔2014〕8号文还规定了根据国家经济状况和物价水平，建立基础养老金和个人缴费档次灵活调整机制，有利于提高"城乡居保"的保障效果。

三、对"城乡居保"的基本评价

（一）"城乡居保"与"新农保"的比较

一方面，"城乡居保"建立在"新农保"和"城居保"的基础上，是两者的统一结果。首先，"城乡居保"首次在制度名称上将城镇居民和农村居民容纳在统一的框架内，并且在全国范围内推广，打破了社会养老保险制度之间的城乡藩篱；其次，与"新农保"原来的5个缴费档次和"城居保"10个缴费档次相比，"城乡居保"设立了12个缴费档次，实现了缴费档次的统一；最后，"城乡居保"首次实现了信息化管理，建立了"金保工程"，实现了农村社会养老保险的规范化管理，提升农村社会养老保险的管理效率。

另一方面，"城乡居保"在"新农保"的基础上做出了一定调整：第一，将原有的5个缴费档次扩充为12个缴费档次。原有的"新农保"设置了每年100元、200元、300元、400元、500元共5个缴费档次，"城乡居保"在保留原有缴费档次的基础上新增600～2000元7个缴费档次，共12个缴费档次。参保人可根据自身经济条件自主选择缴费档次。第二，原有的"新农保"规定，参保人死亡后个人账户的财政补贴无法继承，只能继承缴费部分；"城乡居保"规定参保人死亡后，个人账户可全额继承，保留部分财政补贴。第三，"城乡居保"新建立了丧葬补助金制度，参保人死亡后，其家人可以一次性领取四个月的基础养老金。

（二）"城乡居保"和城镇职工基本养老保险的比较

"城乡居保"和城镇职工基本养老保险一样，建立了统账结合的制度模式，养老金分别来自统筹账户和个人账户。

在统筹账户上，城镇职工基本养老保险的资金筹集来自雇主缴费，而"城乡居保"的统筹账户来自政府财政。在养老金给付上，城镇职工基本养老保险基本养老金由上年度在岗职工月平均工资为基数，按照一定的比例发放；而"城乡居保"的基础养老金则是由中央财政和地方财政按确定的金额发放。由于城镇职工基本养老保险养老金是根据基数按照一定比例发放，因此城镇职工基本养老保险基础养老金部分有着较为成熟的待遇调整机制，即基础养老金会随着社会平均工资的上升而上涨。然而，“城乡居保”的基础养老金是确定待遇型，即中央规定基础养老金的全国最低标准，地方政府在此基础上加发养老金，所以“城乡居保”并未在真正意义上建立待遇调整机制。

在个人账户上，城镇职工基本养老保险规定雇员需要缴纳工资的8%进入个人账户，而“城乡居保”规定个人账户按照一定的标准缴费。因此，城镇职工基本养老保险个人账户缴费金额会根据参保人工资总额的上升而上涨，而“城乡居保”个人账户并未建立有关收入变化的调整机制。

第四章　当前我国农村社会养老保险制度现状分析

第一节　我国农村社会养老保险的现状

一、我国农村社会养老保险的覆盖率

自 2014 年国家统一将“新农保”和“城居保”合并实施之后，“城乡居保”在我国迅速扩面，已经基本实现“广覆盖”的政策目标。我国城乡居民养老保险制度自建立以来，截至 2019 年底已经覆盖 53266 万人。在“城乡居保”的参保人中，有接近 96%的参保人是农村居民，城镇非就业居民仅有 2300 万人①

表 4.1 列出了全国各地农村社会养老保险参保人数。截至 2019 年底，全国农村社会养老保险参保人数达到 53266 万人，占同期全国总人口的 38.05%，比 2018 年增长 874.2 万人，增幅近 1.7%。分地区来看，天津、河北、山西等地近五年来参保人数稳步增长，北京、上海等地近五年来参保人数略有下降。

表 4.1　2015 年至 2019 年各地区农村社会养老保险参保人数（单位：万人）

地区/年份	2015	2016	2017	2018	2019
各地合计	50472.2	50846.8	51254.7	52391.8	53266
北京	187.6	215.7	213.1	209	204.7
天津	121.1	134.5	156.5	161.2	164.5
河北	3440.3	3446	3474.1	3511.6	3524.1

① 郑秉文：《非缴费型养老金：“艾伦条件”下农村养老保险制度变迁与改革出路》，《华中科技大学学报（社会科学版）》，2020 年第 3 期。

续表

地区/年份	2015	2016	2017	2018	2019
山西	1540.3	1549.6	1554.2	1579.3	1627.8
内蒙古	734.1	736.1	743.4	749.9	768.2
辽宁	1034.7	1039.6	1036.2	1040.8	1057.7
吉林	662.7	667.2	668.4	684.3	702.1
黑龙江	827.8	837.6	839.3	896.8	916.7
上海	79.5	79.5	78.8	78.7	77.1
江苏	2339	2335.3	2338.2	2325.4	2336.9
浙江	1285.9	1233.1	1200.7	1197.8	1199.4
安徽	3396.6	3431.9	3429.5	3487.8	3501.7
福建	1480.4	1489.1	1493.7	1525.6	1554.1
江西	1829.9	1844.1	1870	1884.1	1888.9
山东	4534.3	4538.6	4530.6	4551.9	4560.3
河南	4855.2	4893.7	5010.2	5082.5	5196.6
湖北	2215	2219.7	2214.6	2282.8	2345.4
湖南	3280.1	3320.5	3322	3405	3413.6
广东	2499.7	2543.2	2586.8	2661.1	2646.2
广西	1741.5	1770.9	1805.9	1889.6	1983.7
海南	281.1	284	285.9	298.2	305
重庆	1111.1	1115.8	1109	1119.6	1162.7
四川	3020.4	3052.4	3074.9	3222.4	3368.7
贵州	1649	1702.2	1748.5	1802.7	1855.8
云南	2253.3	2257.5	2258.9	2361	2410
西藏	157.7	158.5	183.1	165.9	166
陕西	1714.5	1720.5	1733.8	1741.7	1765.6
甘肃	1236.7	1253.7	1262.4	1317	1372.6
青海	233.5	235.2	239.1	245.6	261.1
宁夏	183.1	186.2	185.5	181.4	194.7
新疆	546.1	554.9	607.4	731.1	734.1

数据来源：2016～2020年《中国统计年鉴》。

注：年鉴中不包含香港、澳门特别行政区和台湾省的相关数据，故本书未使用该类数据，特此说明，下同。

二、我国农村社会养老保险个人账户及财政补贴情况

从表4.2中可以看出，大部分地区均采用了国发〔2014〕8号文中设置的缴费档次进行缴费档次设置；在缴费档次的动态调整方面，只有北京采取了以上一年度农村居民人均可支配收入的9%设置最低动态缴费档次；在缴费档次间隔上面，大多数地区均以100元作为缴费档次间隔，其中天津采取300元作为缴费间隔，上海、江苏、浙江采取200元作为缴费间隔；在最高缴费档次上，大部分省、市、自治区把最高缴费标准设置在3000元左右，河北（8000元）、山西（5000元）、内蒙古（7000元）、上海（5300元）、浙江（5000元）、安徽（6000元）、山东（5000元）、河南（5000元）、广东（4800元）、广西（6000元）、海南（5000元）等地最高缴费上限设置较高；在最低缴费档次设计上面，大部分省、市、自治区均以100元或200元作为缴费档次下限，其中100元缴费档次原则上只适用于重度残疾人等缴费困难群体，但天津（600元）、上海（500元）缴费档次下限较高。

表4.2　各地区农村社会养老保险缴费档次、基础养老金财政补贴设置（单位：元）

地区	最低缴费档次	最高缴费档次	基础养老金
北京	上一年度农村居民人均可支配收入9%	上一年度城镇居民人均可支配收入的30%	830
天津	600	3300	295
河北	200	8000	108
山西	200	5000	103
内蒙古	200	7000	128
辽宁	200	3000	108
吉林	200	2000	103
黑龙江	200	3000	90
上海	500	5300	1100
江苏	100	2500	160
浙江	100	5000	220
安徽	200	6000	115
福建	200	3000	130
江西	300	3000	105
山东	100	5000	118
河南	200	5000	103

续表

地区	最低缴费档次	最高缴费档次	基础养老金
湖北	100	2000	103
湖南	100	3000	103
广东	180	4800	170
广西	200	6000	116
海南	200	5000	160
重庆	100	3000	115
四川	200	4000	100
贵州	300	3000	93
云南	100	3000	103
西藏	100	2000	180
陕西	200	3000	136
甘肃	100	2000	103
青海	200	4000	180
宁夏	100	3000	143
新疆	200	3500	140

数据来源：作者根据各地区城乡居民养老保险文件整理①。

从个人缴费部分的财政补贴来看，大部分地区采用定额补贴制，例如山西为个人缴费200元的补贴35元，江西为个人缴费300元的补贴45元；许多省、市、自治区规定个人缴费的财政补贴由市、县级财政负责；个人缴费部分财政补贴额度最高的是上海，个人缴费500元，区财政补贴200元；在个人缴费部分财政补贴动态调节和“多缴多得、长缴多得”方面，只有贵州和新疆建立了按比例补贴个人缴费部分制度，其他省、市、自治区均按照各个缴费档次设置了固定的财政补贴额度。

尽管各地区根据自身情况设置了相应的缴费档次，但农村居民缴费意愿并不高，大多数农村居民选择低档次进行缴费。封铁英和董璇（2012）在对陕西省农村社会养老保险实施现状进行调查时发现，农村居民普遍选择最低档次缴费，即使农村居民选择高档次进行缴费，缴费满45年后，个人账户养老金替代率也仅有11.73%。

从2015年和2016年各地区农村社会养老保险个人缴费平均值可以看出，全国大

① 采用2018年以来各地区城乡居民养老保险政策文件。

部分地区个人缴费平均值在100～200元，其中北京、天津、上海、江苏、浙江、山东、广东等地区农村居民个人缴费平均值较高，而河北、江西、河南、湖南、贵州、西藏等地区个人缴费平均值较低，详见表4.3。

表4.3　2015和2016年各地区农村社会养老保险个人缴费平均值（单位：元）

地区	2015年	2016年	地区	2015年	2016年
北京	970	980	湖北	154	168
天津	1017	899	湖南	116	160
河北	125	126	广东	415	458
山西	162	175	广西	130	130
内蒙古	210	231	海南	153	162
辽宁	143	146	重庆	226	273
吉林	165	168	四川	391	453
黑龙江	197	194	贵州	121	125
上海	1070	1069	云南	137	137
江苏	431	551	西藏	112	117
浙江	412	493	陕西	159	153
安徽	147	147	甘肃	152	137
福建	141	141	青海	186	203
江西	117	128	宁夏	187	188
山东	413	425	新疆	147	147
河南	123	124			

数据来源：2015年和2016年《人力资源和社会保障事业发展统计公报》。

三、我国农村社会养老保险领取待遇人数

根据表4.4的数据，2019年，全国城乡居民养老保险待遇领取人数为16032.1万人，比2015年增加了1231.5万人，近五年增幅达到8.32%。其中2019年比2018年增加了134.1万人，增幅为0.84%；2016年与2015年相比增幅为3.2%，2017年与2016年相比增幅为2.1%，2018年与2017年相比增幅为1.9%，可见农村社会养老保险待遇实际领取人数增长率正在逐年递减。从各省、市、自治区的情况来看，北京、河北、陕西等地待遇领取人数有较大幅度增加；湖南、重庆等地待遇领取人数有所下降；天津、内蒙古等地待遇领取人数近五年来较为稳定。

表 4.4 各地区农村社会养老保险领取待遇人数（单位：万人）

地区/年份	2015	2016	2017	2018	2019
各地合计	14800.6	15270.6	15597.9	15898	16032.1
北京	39.5	85.4	86.6	88.9	90.8
天津	74.9	77.5	79.5	81.8	82.2
河北	927.3	969.4	996.5	1024.1	1052.1
山西	371	387.8	403.1	415.8	422.5
内蒙古	204.9	211.7	213.7	223.7	233.9
辽宁	374.3	385.2	393.5	406.6	414.7
吉林	218	244.7	245.7	251.7	264.4
黑龙江	258.1	270.3	266.7	294.9	296.3
上海	48.7	49.3	50.3	51	51.6
江苏	1023	1045.8	1069.8	1093.6	1098.2
浙江	550.8	536.4	533.1	533.9	531.7
安徽	895.1	912.8	915	923.5	922.5
福建	404.1	426.9	446.3	466.3	478.1
江西	441.3	457.2	467.5	481.8	492.6
山东	1401.1	1430.9	1476.6	1512.4	1532.6
河南	1305.2	1343.8	1364	1382.1	1406.7
湖北	653.9	674.3	697.4	723.1	723.3
湖南	899.6	915.5	945.1	935.4	872.1
广东	776.3	816.7	847.6	850.7	870.9
广西	538.1	555.3	570.2	585.7	588.7
海南	69.3	70.9	72.8	75.7	75.9
重庆	366.7	369.3	362.6	367.4	358.5
四川	1095	1114.4	1126.2	1129.1	1119.5
贵州	433	442.3	448.9	452.8	462.2
云南	480.7	500.3	516.6	533.8	538.7
西藏	24.5	23.2	25.1	3.6	25.2
陕西	441.4	460.1	479.2	500	514.6
甘肃	300.1	304.5	308.7	311.9	312.1
青海	43.3	44.7	45.3	46.5	45.9
宁夏	37.5	38.4	39.6	40.9	40.9
新疆	103.9	105.6	104.7	109.3	112.7

数据来源：2016～2020 年《中国统计年鉴》。

从我国各地区农村社会养老保险基金收支情况来看，可得以下结论：第一，2019年全国农村社会养老保险基金结余8249.4亿元，较上年增长999亿元①。第二，2019年全国基金收入与基金支出的差额为992.5亿元，其中，基金收不抵支的地区有上海和浙江。第三，从养老保险基金收入上看，2019年农村社会养老保险基金收入为4106.9亿元，比2018年增加了270亿元，涨幅为7.0%。第四，农村社会养老保险基金收入和支出与农村人口数有正相关关系，农村人口较多的地区如河北、江苏、山东等地基金收入和基金支出较高。详见表4.5。

表4.5　2019年全国分地区农村社会养老保险基金收支情况（单位：亿元）

地区	基金收入	基金支出	基金结余
各地合计	4106.9	3114.4	8249.4
北京	68.1	58.5	165.5
天津	60.7	45.3	279.4
河北	222.6	153.3	408.7
山西	95.7	64	234
内蒙古	63.7	56.3	101.3
辽宁	77.7	71.4	80.1
吉林	47.3	37.1	72.5
黑龙江	65.1	46.3	99.7
上海	75.9	76.9	80.5
江苏	357.3	305.5	689.8
浙江	176.4	178.9	154.5
安徽	224.9	141.1	481.8
福建	120.1	90.2	195.5
江西	107.8	73.9	253.3
山东	435.8	296.1	1125.5
河南	283.7	203.6	555.6
湖北	198	129.7	373.8
湖南	188.1	135.8	363.8
广东	284.3	250.1	457.1
广西	123.8	92.5	190.4

① 数据来源：2018年及2019年《人力资源和社会保障事业发展统计公报》。

续表

地区	基金收入	基金支出	基金结余
海南	38.2	19.1	101.6
重庆	83.2	62.1	153.9
四川	246.7	204	531.1
贵州	71.2	59.7	135.6
云南	107.6	75.9	293.7
西藏	9.3	5.8	28.9
陕西	122.2	87.8	257
甘肃	75	47.9	193.9
青海	19.4	11.7	46.9
宁夏	15.3	10.6	37.1
新疆	41.8	23.3	106.9

数据来源：《中国统计年鉴 2020》。

从 2012～2016 年农村社会养老保险基金收入情况来看①，基金收入的主要来源是个人缴费和财政补贴，集体补助几乎不存在。财政补贴占基金收入的比重呈逐年增长的态势，从 2012 年的 67.56%上涨至 2017 年的 75.48%。财政补贴主要包含了基础养老金的发放和个人账户缴费补贴，若将 2017 年的个人缴费总数除以 2017 年的参保人数，即 8100000 万元/51255 万人，可得 2017 年个人账户缴费平均值为 158.03 元。根据“城乡居保”规定，对于最低缴费档次，政府补贴 30 元。因此，将财政补贴总额减去基金收入内的个人账户补贴，即财政补贴总额－参保人数×个人缴费补贴（30 元），可得财政对基础养老金支出为 2340.23 亿元。因此，2017 年财政分别对基础养老金补贴 2340.23 亿元，对个人账户缴费补贴 153.77 亿元。

根据表 4.6 的数据可知，2016 年城乡居民养老保险中，个人缴费比例占基金总收入的 24.5%，比 2012 年的 32.4%有较大幅度的下降；其中，基金收入部分的财政补贴是指财政对个人缴费部分的补贴，既补“入口”。这一部分补贴的资金来源主要来源于市、县级财政，2015 年、2016 年和 2017 年的城乡居民养老保险基金收入中来自财政补贴的比例超过 75%。

① 由于《人力资源与社会保障事业统计公报》仅将农村社会养老保险收入构成公布至 2017 年，2018 年及以后不对外公布，因此本书仅讨论 2012～2017 年农村社会养老保险基金收入情况。

表 4.6　2012～2016 年全国农村社会养老保险收入构成情况（单位：亿元）

年份	基金收入	个人缴费	财政补贴	财政补贴占基金收入比重（%）
2012	1828	593	1235	67.56
2013	2051	635	1416	69.04
2014	2309	665	1644	71.20
2015	2855	700	2155	75.48
2016	2933	732	2201	75.04
2017	3304	810	2494	75.48

数据来源：2012～2018 年《中国统计年鉴》《人力资源和社会保障事业发展统计公报》。

第二节　农村社会养老保险制度的弊端

一、基础养老金待遇偏低且缺乏正常调整机制

我国农村社会养老保险基础养老金初始待遇较低，且缺乏政策调整机制，导致基础养老金增幅有限。2009 年“新农保”实施之初，农村社会养老保险的基础养老金为 55 元/人/月；2014 年，城乡居民养老保险实施时，将基础养老金提升至 70 元/人/月；2018 年，基础养老金上升至 88 元/人/月，甚至低于“低保”补贴。从图 4.1 的数据可知，我国农村社会养老保险基础养老金待遇很低，无法满足农村居民人均食品支出。2013～2019 年，农村社会养老保险基础养老金与农村居民人均食品支出差额越来越大，从 1894.4 上涨至 2942.2，无法实现“保基本”的政策目标。在农村社会养老保险基础养老金还未建立正常调整机制的基础上，农村居民人均食品支出连年上涨，将会导致基础养老金保障效果越来越差。在 2009～2018 年的近十年间，农村社会养老保险制度基础养老金仅仅上涨了 33 元，每年平均增长 3.3 元。

图 4.1　农村社会养老保险基础养老金与农村居民人均食品支出差额

数据来源：2014～2020 年《中国统计年鉴》。

根据张思锋等（2016）的调查显示，81%的农村居民仍然主要靠子女赡养和土地养老，来自农村社会养老保险的养老金保障效果有限，目前的基础养老金远远不够生活开支。由于在农村社会养老保险制度实施之时年满60岁的老年人不存在个人账户养老金，农村社会养老保险给付仅为基础养老金。若基础养老金待遇低，则很难解决我国农村地区老年贫困问题。与我国农村地区“低保”标准相比，国家会根据各地经济发展水平及物价变动情况每季度对“低保”标准进行调整。

图4.2显示了我国2013～2019年农村社会养老保险基础养老金与农村地区年末的“低保”标准，农村地区“低保”标准不仅可以满足农村居民人均食品支出，还建立了正常调整机制，对补贴标准进行季度调整，以确保“低保”能够保障农村居民的基本生活。而基础养老金不但缺乏正常调整机制，且待遇十分微薄，很难保障农村地区老年人基本生活。

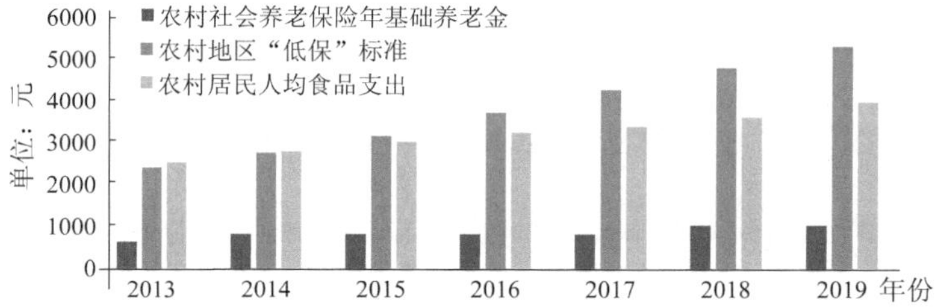

图4.2　农村社会养老保险基础养老金与农村地区“低保”标准（单位：元）

数据来源：2013～2019年民政部统计季报，2013～2020年《中国统计年鉴》。

二、个人账户缴费及财政补贴机制设计不合理

自“老农保”实施以来，我国农村社会养老保险个人账户就采取了定额缴费的方式。农村社会养老保险个人账户缴费没有采取类似城镇职工基本养老保险比例缴费制度，农村居民实际缴费不会跟随农村居民人均可支配收入的上涨而增加。这种定额缴费方式大大弱化了农村居民养老的个人责任，容易让农村居民产生个人账户缴费仅仅是领取基础养老金的“资格”的思想，只需要按照最低档次缴费即可以最低成本获得基础养老金。

随着我国农村社会养老保险制度的不断发展，“新农保”和“城乡居保”并未对我国个人账户缴费制度进行结构性调整，只是调整了缴费档次。尤其是“城乡居保”保留了“新农保”时期100元和200元的最低缴费档次，随着我国农村居民人均可支配收入的不断提高，若缴费档次不根据农村居民人均可支配收入进行调整，则会严重影响农村居民实际缴费率。2019年，我国农村居民人均可支配收入已经超过16000元，

若每位农村居民按照100元的最低档次缴费，则农村社会养老保险缴费支出仅占农村居民人均可支配收入的0.63%，相比于城镇职工基本养老保险8%的个人缴费比例，农村居民完全可以选择更高的缴费档次进行缴费。

此外，农村社会养老保险个人账户财政补贴也采用定额补贴制，财政补贴额度不会随着农村居民缴费档次的提高而增加，这种“多缴不补”的“逆向”激励政策容易促使农村居民选择低档次缴费，并且，现有的“城乡居保”没有明确规定财政补贴会随着参保人缴费年限的延长而增加，这也会促使参保人缴费满15年即停止缴费，无法形成“长缴多得”的激励。

三、统筹层次低导致个人账户基金保值增值困难

一方面，农村居民养老保险制度自建立以来实行的是县级统筹管理政策，这种低统筹层次会为农村社会养老保险基金带来一定的贬值风险。由于个人账户基金只能存入银行或者购买政府债券，它的实质是政府帮参保人建立养老账户，引导参保人为老年生活储蓄。但是，低统筹层次导致农村社会养老保险“基金池”规模小，很难形成投资的规模效应。此外，将农村社会养老保险基金存入银行，按照一年期存款基准利率计息，2019年我国银行一年期存款基准利率仅为1.5%，而同年CPI涨幅却高达2.9%①，养老保险基金面临严重的贬值风险。若基础养老金待遇低，同时个人账户投资收益率不高，则农村社会养老保险制度实质上与“老农保”制度安排并无区别。

另一方面，除了易受贬值风险影响外，县级统筹管理农村社会养老保险基金还容易受到地方行政管理体制的影响。县政府设立的农村社会养老保险管理机构既是养老保险的管理者，同时也扮演养老保险基金运营者的身份。而县级政府管理体制不牢固，往往容易受到“寻租”的影响，破坏农村社会养老保险基金的安全性。此外，县级政府管理养老保险基金的水平较低，缺乏相关专业领域的人才，管理的专业性、电算化水平较低，导致基金管理制度出现漏洞，同样也容易造成基金管理问题。

四、农村社会养老保险制度缺乏公平性

（一）不同地区参保居民养老待遇公平性

农村社会养老保险制度虽然由中央制定，但是考虑到各地经济水平发展不一，中央为各级地方政府保留了自主权。地方政府可以根据实际情况适当增加基础养老金和个人缴费补贴，重新设置个人缴费档次甚至加发特殊的养老津贴，例如：东莞为全市

---

① 数据来源：《中国统计年鉴2020》。

70 岁以上老人发放 55 元/人/月的高龄津贴，苏州为全市 80 岁以上老人发放 50 元/人/月的高龄津贴。

根据表 4.7 中的数据可得，2019 年各地共有 16032.1 万农村居民领取养老金待遇，农村社会养老保险基金支出为 3114.4 亿元，平均每位老人能够领取到的养老金为 1942.60 元。从年人均养老金来看，我国出现了严重的地域间不平等现象，年人均养老金最高的地区是上海，为 14903.10 元，而年人均养老金最低的地区是贵州，仅为 1291.65 元，两者之间差距竟高达 13611.45 元。此外，按照东部和中西部划分，来自同一地区的相邻地区养老金待遇也不同，例如：同样被划分为东部省份的江苏的年人均养老金为 2781.82 元，而山东的年人均养老金为 1932.01 元；同样被划分为西部省份的甘肃和青海，年人均养老金分别为 1534.76 元和 2549.02 元。

表 4.7　全国各地区人均年养老金情况

地区	待遇领取人数（万人）	农村社会养老保险老保险基金支出（亿元）	年人均养老金（元）
北京	90.8	58.5	6442.73
天津	82.2	45.3	5510.95
河北	1052.1	153.3	1457.09
山西	422.5	64	1514.79
内蒙古	233.9	56.3	2407.01
辽宁	414.7	71.4	1721.73
吉林	264.4	37.1	1403.18
黑龙江	296.3	46.3	1562.61
上海	51.6	76.9	14903.10
江苏	1098.2	305.5	2781.82
浙江	531.7	178.9	3364.68
安徽	922.5	141.1	1529.54
福建	478.1	90.2	1886.63
江西	492.6	73.9	1500.20
山东	1532.6	296.1	1932.01
河南	1406.7	203.6	1447.36
湖北	723.3	129.7	1793.17
湖南	872.1	135.8	1557.16
广东	870.9	250.1	2871.74

续表

地区	待遇领取人数（万人）	农村社会养老保险老保险基金支出（亿元）	年人均养老金（元）
广西	588.7	92.5	1571.26
海南	75.9	19.1	2516.47
重庆	358.5	62.1	1732.22
四川	1119.5	204	1822.24
贵州	462.2	59.7	1291.65
云南	538.7	75.9	1408.95
西藏	25.2	5.8	2301.59
陕西	514.6	87.8	1706.18
甘肃	312.1	47.9	1534.76
青海	45.9	11.7	2549.02
宁夏	40.9	10.6	2591.69
新疆	112.7	23.3	2067.44

数据来源：《中国统计年鉴 2020》，年人均养老金为作者测算，计算公式为：农村社会养老保险老保险基金支出/待遇领取人数。

从基础养老金来看，2020 年北京、上海分别把基础养老金在全国最低标准为 88 元/人/月的基础上提升至 830 元/人/月和 1100 元/人/月；而贵州、黑龙江的基础养老金仅为 93 元/人/月和 90 元/人/月，仅仅在全国最低标准 88 元的基础上分别提高了 5 元和 2 元。

（二）不同地区财政补贴公平性

城乡居民养老保险的财政补贴分为基础养老金和个人缴费补贴。无论中央还是地方在制定城乡居民养老保险的基础养老金和个人缴费补贴时只是简单地根据地区经济水平进行“一刀切”，造成补贴分配不合理。

目前中央财政对中西部地区基础养老金进行全额补助，对东部地区给予 50％的补助。这种补贴模式兼顾了我国东中西部的宏观经济差距，具有一定的合理性。然而，在具体实施的过程中，一些东部地区农业人口较多，而一些中西部省份不仅参保人数少，财政收入也较高。中央财政不负责个人缴费部分补贴，全国大部分地区的个人缴费补贴都是由省、市、县财政按一定比例进行分摊。

从表 4.8 中可以看出，2019 年，东中西地区的人均财政收入分别是 12699 元、4800.04 元和 5419.47 元，东部地区的人均财政收入是中部地区人均财政收入的约 2.6

倍，是西部地区的约 2.3 倍。然而东部地区里的河北、辽宁及山东人均财政收入较低，而且老年人口抚养比较高，其中，河北的人均财政收入甚至比中部地区中的江西、山西、湖北，西部地区中的内蒙古、重庆、西藏、陕西、宁夏和新疆的人均财政收入还低。一些西部地区如内蒙古、新疆、西藏和宁夏，人均财政收入较高，但老年人口抚养比却比其他地区低。

表 4.8　全国各地区人均财政收入情况

地区	人口（万人）	人均财政收入（元）	人均 GDP（元）	老年人口抚养比（%）	乡村人口比重（%）
北京	2154	27006.04	164212.07	14.66	13.4
天津	1562	15431.56	90296.29	15.56	16.52
河北	7592	4924.91	46238.83	19.32	42.38
上海	2428	29510.30	157147.12	22.07	11.7
江苏	8070	10907.51	123459.13	21.2	29.39
浙江	5850	12048.85	106584.17	19.25	30
辽宁	4352	6094.67	57236.79	21.55	31.89
福建	3973	7684.19	106707.78	13.67	33.5
山东	10070	6481.34	70573.52	23.82	38.49
广东	11521	10983.88	93456.36	11.37	28.6
海南	945	8615.24	56179.15	13.09	40.77
东部平均	5319.7	12699	97462.8	17.78	28.78
吉林	2691	4150.69	43577.93	17.73	41.73
黑龙江	3751	3366.46	36290.80	18.07	39.1
安徽	6366	4999.54	58300.31	20.73	44.19
江西	4666	5330.88	53059.37	14.57	42.58
河南	9640	4192.83	56285.48	17.23	46.79
湖北	5927	5717.18	77321.26	18.32	39
湖南	6918	4346.85	57461.87	19.66	42.78
山西	3729	6295.92	45660.18	14.93	40.45
中部平均	5461	4800.04	53494.65	17.66	42.08
广西	4960	3653.00	42816.81	14.95	48.91
内蒙古	2540	8109.02	67765.87	13.28	36.63

续表

地区	人口（万人）	人均财政收入（元）	人均 GDP（元）	老年人口抚养比（%）	乡村人口比重（%）
重庆	3124	6833.96	75562.64	22.61	33.2
四川	8375	4860.69	55660.68	23.2	46.21
贵州	3623	4878.47	46285.79	17.5	50.98
云南	4858	4268.34	47805.17	13.71	51.09
西藏	351	6324.50	48370.94	8.86	68.46
陕西	3876	5902.73	66545.85	16.41	40.57
甘肃	2647	3213.03	32936.53	16.13	51.51
青海	608	4642.27	48782.07	11.85	44.48
宁夏	695	6094.68	53934.96	13.62	40.14
新疆	2523	6252.99	53892.63	11.9	48.13
西部平均	3181.67	5419.47	53363.33	15.34	46.69

数据来源：《中国统计年鉴 2020》。

另外，各地人口城乡结构差异大。东部地区由于经济发展较早，城镇化率最高，乡村人口占总人口比重的均值为 28.78%，中、西部地区乡村人口占总人口比重的均值分别为 42.08%和 46.69%。然而，东部地区中的河北乡村人口比重十分接近中西部比例，高于中西部许多地区，如吉林、黑龙江、湖北、内蒙古、陕西、重庆等。

而且，从地方来看，县区层面的不公平状况更为明显。本书以 2019 年河北省为例，针对河北省的 135 个县区，其人均财政收入位于 0 元至 1000 元的县区共有 19 个，人均财政收入位于 1001 元至 2000 元的区县共有 71 个，人均财政收入位于 2001 元至 3000 元的区县共有 19 个，人均财政收入高于 3000 元的区县共有 26 个。其中仅有大厂回族自治县（20965.10 元）和曹妃甸区（31788.23 元）的人均财政收入高于东部省份人均财政收入 12699 元。表 4.9 中列出了河北省人均收入最低的 46 个县区，这些县人均财政收入非常低。而中西部某些县市区的人均财政收入，如陕西省神木（19388.99 元）和内蒙古准格尔旗（23499.15 元），却大大高于全国平均水平。

表 4.9　2019 年河北省县区人均财政收入

单位	人口	财政收入（万元）	人均财政收入（元）	单位	人口	财政收入（万元）	人均财政收入（元）
大名	935297	44592	476.77	围场	535606	58168	1086.02
雄县	461575	25279	547.67	新河	177246	19503	1100.34
安新	508810	28768	565.40	盐山	495170	54968	1110.08
临漳	756200	51796	684.95	曲周	532889	59355	1113.83
广宗	335242	23302	695.08	饶阳	290872	32510	1117.67
唐县	595123	45476	764.14	献县	661330	73980	1118.65
南宫	506263	38787	766.14	南和	396657	44420	1119.86
青龙	566577	44048	777.44	临西	393269	44368	1128.18
容城	276372	21693	784.92	尚义	186222	21094	1132.73
博野	271965	21428	787.90	蔚县	500938	58342	1164.66
曲阳	655398	51737	789.40	行唐	461762	53996	1169.35
隆尧	569381	47133	827.79	抚宁	340537	41076	1206.21
魏县	1039293	86420	831.53	易县	581244	70192	1207.62
威县	646229	56228	870.09	鸡泽	339573	41163	1212.20
蠡县	545510	50006	916.68	定兴	605934	73923	1219.98
任县	388965	36203	930.75	南皮	399490	49450	1237.83
康保	269425	25857	959.71	故城	526179	66633	1266.36
平乡	366357	35758	976.04	宁晋	861326	109388	1270.00
柏乡	206050	20550	997.33	无极	537486	68400	1272.59
巨鹿	431416	43346	1004.74	望都	272423	35044	1286.38
隆化	448028	45057	1005.67	卢龙	417110	53894	1292.08
清苑	691395	72640	1050.63	吴桥	281237	36822	1309.29
赵县	619500	67067	1082.60	河间	902506	118412	1312.04

数据来源：《中国县域统计年鉴 2020》。

（三）农村居民与城镇居民之间养老待遇公平性

农村社会养老保险基础养老金采用定额给付方式，而城镇职工基本养老保险基础养老金以上年度社会平均工资按照一定比例给付，两者养老金给付的根本性区别，决定了农村居民与城镇居民之间养老待遇有差距。这里将采用养老金替代率来衡量农村社会养老保险和城镇职工基本养老保险的保障效果。人均养老金是指基金支出总额与待遇领取人数的比值，养老金替代率是指参保人退休后的退休金与退休前工资的比值，对于农村居民来说，养老金替代率则是养老金与农村居民人均可支配收入的比值。为了简化对比，这里采用城镇居民人均可支配收入代替退休前工资来计算城镇职工基本养老保险替代率。

首先，表 4.10 列出了我国 31 个省、市、自治区 2019 年的城镇居民养老金替代率和农村居民养老金替代率。从横向来看，各地城镇居民人均养老金和养老金平均替代率是 39138.24 元和 99.84%，农村居民平均养老金和养老金平均替代率是 2602.61 元和 14.44%，前者分别是后者的 15.0 倍和 7.1 倍。

表 4.10　各地区城镇居民养老金替代率和农村居民养老金替代率

地区	城镇居民人均养老金（元）	城镇居民可支配收入（元）	城镇居民养老金平均替代率（%）	农村居民平均养老金（元）	农村居民人均可支配收入（元）	农村居民养老金平均替代率（%）
北京	50511.24	73849	68.40%	6442.73	28928.4	22.27%
天津	39790.10	46119	86.28%	5510.95	24804.1	22.22%
河北	46778.02	35738	130.89%	1457.09	15373.1	9.48%
山西	38447.37	33262	115.59%	1514.79	12902.4	11.74%
内蒙古	36186.75	40782	88.73%	2407.01	15282.8	15.75%
辽宁	32536.76	39777	81.80%	1721.73	16108.3	10.69%
吉林	30253.79	32299	93.67%	1403.18	14936	9.39%
黑龙江	31432.48	30945	101.58%	1562.61	14982.1	10.43%
上海	48871.46	73615	66.39%	14903.10	33195.2	44.90%
江苏	33156.19	51056	64.94%	2781.82	22675.4	12.27%
浙江	32963.59	60182	54.77%	3364.68	29875.8	11.26%
安徽	32772.92	37540	87.30%	1529.54	15416	9.92%
福建	35358.11	45620	77.51%	1886.63	19568.4	9.64%
江西	27999.71	36546	76.61%	1500.20	15796.3	9.50%
山东	36353.07	42329	85.88%	1932.01	17775.5	10.87%
河南	34373.02	34201	100.50%	1447.36	15163.7	9.54%
湖北	34880.20	37601	92.76%	1793.17	16390.9	10.94%
湖南	30003.70	39842	75.31%	1557.16	15394.8	10.11%

续表

地区	城镇居民人均养老金（元）	城镇居民可支配收入（元）	城镇居民养老金平均替代率（%）	农村居民平均养老金（元）	农村居民人均可支配收入（元）	农村居民养老金平均替代率（%）
广东	50437.28	48118	104.82%	2871.74	18818.4	15.26%
广西	36204.55	34745	104.20%	1571.26	13675.7	11.49%
海南	34675.38	36017	96.28%	2516.47	15113.1	16.65%
重庆	26395.72	37939	69.57%	1732.22	15133.3	11.45%
四川	27168.07	36154	75.15%	1822.24	14670.1	12.42%
贵州	35439.67	34404	103.01%	1291.65	10756.3	12.01%
云南	37909.09	36238	104.61%	1408.95	11902.4	11.84%
西藏	96660.00	37410	258.38%	2301.59	12951	17.77%
陕西	40467.63	36098	112.10%	1706.18	12325.7	13.84%
甘肃	33795.11	32323	104.55%	1534.76	9628.9	15.94%
青海	62306.21	33830	184.17%	2549.02	11499.4	22.17%
宁夏	36381.82	34328	105.98%	2591.69	12858.4	20.16%
新疆	42776.71	34664	123.40%	2067.44	13121.7	15.76%

数据来源：《中国统计年鉴 2020》。

其次，从基础养老金调整机制来看，我国城镇职工基本养老保险按照社会平均工资为基数，以一定比例发放基础养老金，因此具有良好的待遇调整机制。根据表 4.11，2010 至 2018 年全国城镇职工基本养老保险的人均养老金待遇持续增长，人均养老金绝对额已从 2010 年的 15066 元增长至 34057 元，涨幅约为 2.3 倍，每年人均养老金以约 10%的比例增长。

表 4.11　2010—2018 年城镇职工人均养老金及其涨幅（单位：元）

	2010	2011	2012	2013	2014	2015	2016	2017	2018
人均养老金	15066	16829	18810	20673	22784	25412	28375	31068	34057
人均养老金涨幅（%）	9.29	11.70	11.77	9.90	10.21	11.53	11.66	9.46	9.65

数据来源：2011～2019 年《中国统计年鉴》。

然而，农村社会养老保险基础养老金在 2009～2014 年间保持在 55 元/人/月的水平，中央未对基础养老金作出任何调整，地方政府也没有对基础养老金和个人缴费补贴作出调整。尽管，现行的城乡居民养老保险基础养老金已提升至 100 元/人/月，但是基数仍然太小，离“保基本”的目标相去甚远。目前城乡居民养老保险制度设计中涵盖了调整机制，但是中央和地方并未对此作出详细规定，所以农村居民养老金待遇与城镇职工基本养老保险养老金待遇差距仍在持续扩大。

第三节　农村社会养老保险制度弊端的成因分析

一、农村居民参保积极性低及成因分析

现行的“城乡居保”在我国农村地区的覆盖率已经达到 96.56%①，基本实现“广覆盖”的目标。然而，农村居民参保积极性并不高，农村居民参加农村社会养老保险的积极性低具体表现为选择低缴费档次②，下面将从三个方面分析农村居民参保积极性低的原因。

（一）养老保险缴费逆向激励限制了农村居民选择高档次缴费

第一，缴费档次设计不合理。我国农村社会养老保险制度自“老农保”时期以来就采用了定额缴费制，2009 年“新农保”的个人账户 5 档缴费标准一直沿用至今，现行的农村社会养老保险个人账户缴费档次仅仅是在“新农保”的基础上增加了 7 档。在我国农村居民人均可支配收入连年增长的同时，个人账户缴费档次却从未调整，由于参保人缴费的惯性，参保人会一直按照最低缴费档次，直至缴费满 15 年。实际上，国家每年根据农村居民人均可支配收入每年调整缴费档次的难度较大，若缴费金额每年变化，容易导致制度混乱。农村社会养老保险个人账户缴费可以参照城镇职工基本养老保险个人账户比例制缴费的方法，以农村居民人均可支配收入为基数，设立不同的缴费比例，参保人按比例缴费。这不仅能够提高参保人积极性、提升个人账户养老金保障效果，同时还强调了农村居民养老保险的个人责任。

第二，个人缴费档次的财政补贴存在逆向激励。个人缴费档次的财政补贴是地方政府根据国发〔2014〕8 号文件规定的最低标准制定的，由于各地区经济发展水平不一，个人账户财政补贴也存在地区差异。根据表 4.12 的数据，除了北京、山西、辽宁、安徽、四川之外，其余地区对最低缴费档次的补贴均为 30 元；而在最高缴费档次的财政补贴上，各地区标准差异巨大。此外，各地区均存在“多缴少补”的逆向激励机制，如北京对最低缴费档次补贴 60 元，而仅对最高缴费档次补贴 150 元，在缴费金

① 2019 年我国农村人口总量为 55162 万人，城乡居民养老保险参保人数为 53266 万人。

② 蒋军成等，《农村社会养老保险制度保障效果及其城乡统筹》，《现代经济探讨》，2017 年第 4 期。

额增长9倍的情况下，个人账户缴费补贴金额仅上涨2.5倍。这种不合理的个人缴费补贴制度逆向激励农村居民选择最低档次缴费。

表4.12　部分地区农村社会养老保险制度基础养老金和个人缴费环节财政补贴情况

地区	基础养老金（元/月）		个人缴费（元/年）				
	月标准	年限基础养老金	最低缴费	最低补贴	最高缴费	最高补贴	缴费档次
北京	800	—	1000	60	9000	150	1000～9000元
山西	108	1	200	35	5000	300	10档
辽宁	113	2	200	40	3000	160	7档
江苏	148	1%	300	30	2500	≥60	12档
安徽	105	2	200	40	6000	200	15档
山东	123	地市（县）确定	300	30	5000	≥80	12档
河南	103	3	200	30	5000	340	15档
湖北	103	1	100	30	2000	≥60	12档
湖南	103	1	100	30	3000	≥60	14档
广东	170	3	120	30	3600	≥60	10档
重庆	115	2	100	30	3000	160	13档
四川	100	2	100	40	3000	160	13档
云南	103	2	100	30	3000	195	13档
甘肃	103	2	200	30	3000	90	13档

数据来源：根据各地区城乡居民养老保险实施办法整理。

全国各地区除了新疆和贵州完全采用了比例制补贴外，其余地区均采用固定补贴制，并且随着个人账户缴费档次的提高，缴费补贴占个人账户缴费金额的比重下降，无法实现“多缴多得”的政策激励。

表4.13　各地区城乡居民养老保险缴费环节和待遇发放环节情况

地区	缴费环节（财政补贴占个人缴费比例随个人缴费水平提高的变化）		待遇环节（基础养老金确定方式）	
	占比提高	占比下降	与缴费水平挂钩	与缴费年限挂钩
北京	—	✓	—	—
天津	—	✓	✓	✓
河北	—	✓	—	✓

续表

省份	缴费环节（财政补贴占个人缴费比例随个人缴费水平提高的变化）		待遇环节（基础养老金确定方式）	
	占比提高	占比下降	与缴费水平挂钩	与缴费年限挂钩
山东	—	✓	—	✓
河南	✓(500～1000 元 6 个档次)	✓(其他档次)	—	✓
上海	—	✓	—	✓
浙江	—	✓	—	✓
广东	—	✓	—	✓
福建	—	✓	—	—
广西	✓(400～500 元及 700～1000 元的档次)	✓(其他档次)	—	✓
海南	—	✓	—	✓
湖南	—	✓	—	✓
湖北	—	✓	—	✓
安徽	—	✓	—	✓
江西	—	✓	—	✓
甘肃	—	✓	—	—
青海	✓(800～1000 元档次)	✓(其他档次)	—	✓
陕西	—	✓	—	✓
山西	—	✓	—	✓
内蒙古	✓(400～500 元档次)	✓(其他档次)	—	✓
重庆	—	✓	—	✓
新疆	✓	—	—	✓
云南	—	✓	—	✓
西藏	—	✓	—	✓
贵州	财政补贴固定为缴费标准的 10%	—	—	
吉林	—	✓	—	✓
辽宁	—	✓	—	✓
黑龙江	—	✓	—	—

数据来源：根据各地区城乡居民养老保险实施办法整理。

（二）集体补助缺乏政策支持

我国农村集体经济自二十世纪五十年代成立以来，至今一直存在。在计划经济时代，村集体是农民的雇佣者，而随着改革开放的深入，大部分村集体都不复存在。农村社会养老保险基础养老金部分并不存在“雇主”缴费，而是由财政承担养老金的发放。根据国发〔2014〕8号文件，村集体应当给予参保人补助。但是，这种规定不是强制性的，也没有明确的规则来确保其执行。实际上，对于中国的绝大多数农村地区而言，村集体已经非常少见了，国家要求村集体对农村社会养老保险参保人进行缴费补贴显然不合理。

（三）养老保险财政补贴模式上轻下重且负担不均衡

中西部地区农村社会养老保险基础养老金由中央财政负担，东部地区则由中央财政和地方财政共同负担。目前的财政补贴模式来看，中央财政负担较轻，地方财政负担较重，主要原因在于地方财政还需要负责发放超额基础养老金、个人账户缴费补贴，且存在政府间事权不平衡，造成县级财政压力较大。

二、社会统筹部分缺失公平性及成因分析

根据表4.14的数据，2013～2019年全国农村社会养老保险养老金绝对额接近翻了一番，北京2013年养老金绝对额高达5411.3元，近7年仅上涨了19.0%。从养老金绝对额来看，我国农村社会养老保险制度存在严重的地域间不平等。

表4.14　2013年和2019年农村社会养老保险的平均水平和涨幅

地区	养老金绝对额（元）及增幅（%）			养老金替代率（%）及增幅（%）		
	2013年	2019年	增幅	2013年	2019年	增幅
贵州	709.8	1243.3	75.2	12.1	12.7	5.0
吉林	685.4	1354.7	97.7	6.9	9.8	42.0
江西	676.8	1367.7	102.1	7.3	9.5	30.1
云南	776.3	1395.6	79.8	11.4	12.9	13.2
河南	778.4	1400.8	80.0	8.7	10.1	16.1
河北	721.2	1430.4	98.3	7.9	10.1	27.9
黑龙江	731.7	1434.3	96.0	7.8	10.3	32.1
湖南	663.1	1449.5	118.6	7.2	10.2	41.7
甘肃	758.2	1455.5	91.9	13.6	16.5	21.3
山西	862.2	1462.1	69.5	10.7	12.3	15.0

续表

省份	养老金绝对额（元）及增幅（%）			养老金替代率（%）及增幅（%）		
	2013 年	2019 年	增幅	2013 年	2019 年	增幅
安徽	755.7	1508.3	99.5	8.5	10.7	25.9
辽宁	862.8	1660.2	92.3	8.4	11.2	33.3
重庆	1018.2	1676.5	64.6	12.1	12.2	0.8
陕西	998	1722	72.5	14.2	15.3	7.8
湖北	791.6	1732.7	118.7	8.1	11.5	42.0
福建	788.4	1758.4	123.0	6.8	9.8	44.1
四川	861.2	1773	105.9	10.3	13.2	28.2
山东	1053.7	1812	72.1	9.8	11	12.2
新疆	904.4	1957.8	116.4	11.4	16.3	43.0
广东	1148.6	2373.2	106.6	10.4	13.8	32.7
海南	1116	2391.1	114.2	12.6	17.2	36.5
内蒙古	1416	2400.4	69.5	15.7	17.3	10.2
青海	1141.3	2430.1	112.9	17.6	23.3	32.4
宁夏	1157.1	2493.8	115.5	15.1	21.2	40.4
江苏	1576.2	2530.1	60.5	11.6	12.2	5.2
浙江	1823.9	3212.1	76.04	10.3	11.9	15.3
天津	2352.1	5048.8	114.6	15.2	21.8	43.4
北京	5411.3	6442.7	19.0	22.2	31.6	42.3
上海	7366.2	14903.1	102.3	38.3	45.4	18.5

数据来源：作者根据 2014 年至 2020 年《中国统计年鉴》数据计算，其中养老金绝对额计算公式为：当年养老金基金支出/领取待遇人数，养老金替代率计算公式为：养老金绝对额/农村居民人均可支配收入。

一方面，对农村社会养老保险养老金绝对水平进行分析。农村社会养老保险养老金在 2013 年的平均水平是 1376.1 元，2019 年上涨至 2545.5 元，涨幅为 85.0%。2013～2019 年涨幅最高的是福建，达到 123.0%。

另一方面，对城乡居民养老金替代率进行分析。从全国范围来看，在 2013 年，除了北京（22.2%）和上海（38.3%）之外，其他省、市、自治区的养老金替代率均在 10%左右。2019 年，除了青海（23.3%）、宁夏（21.2%）、天津（21.8%）、北京

(31.6%)和上海(45.4%)之外,其他省、市、自治区养老金替代率均低于20%。

从各地区差距来看,如在同样选择个人缴费300元的情况下,江苏的年养老金待遇是2530.1元,而贵州的年养老金待遇仅为1243.3元,两者养老金待遇差距超过一倍,难以实现公平。从我国东中西部地区来看,被确定为东部地区的河北、辽宁和山东养老金待遇远低于北京、上海、江苏、浙江等东部地区,甚至比一些西部地区(如宁夏、青海等)的养老金待遇还要低;中西部地区的养老金待遇差别不大,大多处于1200～1700元之间;个别中西部地区养老金待遇高于全国平均水平,如新疆、内蒙古、青海和宁夏。

农村社会养老保险待遇主体部分是基础养老金,个人缴费、集体补助和财政补贴部分待遇发放所占比例很小,因为多数参保人在投保时选择最低档次缴费,所以进入个人账户的缴费金额和财政补贴额很少。2020年城乡居民养老保险全国基础养老金最低标准为100元,各地政府根据经济状况对基础养老金进行调整。根据表4.15的数据,2019年中央财政对东部地区基础养老金补助额为196.80亿元,占中央一般公共预算收入的0.22%,对中西部地区基础养老金补助额为783.15亿元,占中央一般公共预算收入的0.88%,两者合计为1.10%。由此可见中央财政所负担的任务并不重,仍有很大的上升空间。

表4.15 2019年中央财政对农村社会养老保险东部和中西部补助额

	中央财政补助额	占中央一般公共预算收入
东部地区	196.80	0.22%
中西部地区	783.15	0.88%
合计	979.95	1.10%

数据来源:《中国统计年鉴2020》。

另外,城乡居民养老保险财政补贴缺乏实施梯度层级的弹性管理,虽然中央财政在兼顾各地区的经济实力时体现了一定的梯度性,例如对中西部地区基础养老金进行100%的补贴,对东部地区进行50%的补贴,但这样的制度安排过于简单。中央和地方忽略了影响农村社会养老保险待遇的其他因素,如人口状况(乡村人口比重、老龄化指数)、人均GDP、人均财政支出等,如果忽略这些重要因素,仅从宏观上依据各个地方的财力来确立补贴标准和养老金待遇,必将导致养老金待遇的"碎片化"。

三、养老保险基金收益水平低的成因分析

我国农村社会养老保险制度规定个人账户基金仅能存入银行或者购买政府债券。

在保证基金安全性的同时，投资收益率却比较低。

（一）农村社会养老保险统筹层次低

农村居民养老保险制度自建立以来实行的是县级统筹管理政策，这种低统筹层次会为农村社会养老保险基金带来一定的贬值风险。将农村社会养老保险基金存入银行，按照一年期存款基准利率计息，2019 年我国银行一年期存款基准利率仅为 1.5%，而同年 CPI 涨幅却高达 2.9%[①]，养老保险基金面临严重的贬值风险。由于个人账户基金只能存入银行或者购买政府债券，它的实质是政府帮参保人建立养老账户，引导参保人为老年生活储蓄。但是，低统筹层次导致农村社会养老保险"基金池"规模小，很难形成投资的规模效应。若基础养老金待遇低，同时个人账户投资收益率不高，则农村社会养老保险制度实质上与"老农保"制度安排并无区别。

（二）基金运营投资形式单一且收益水平低

我国农村社会养老保险除少数地区实行市级统筹外，基金管理实行的基本都是县级统筹，保值增值路径延续的都是"老农保"的办法，即存入银行和购买国债，不能直接用来投资。虽然这是一种安全的运营模式，但基金收益非常低，甚至无法跑赢通货膨胀率。根据表 4.16 的数据，银行利率从 2016 年开始一直在低位运行，这将在很大程度上削弱城乡居民养老保险基金的支付能力，不利于制度可持续运行。

表 4.16　2010～2019 年我国农村居民 CPI 及银行一年期存款基准利率

年份	2010	2011	2012	2013	2014	2015	2016	2017	2018	2019
农村居民 CPI(%)	3.60	5.80	2.50	2.80	1.80	1.30	1.90	0.30	2.10	3.20
一年期存款基准利率(%)	2.50	3.00	3.25	3.00	2.75	2.00	1.50	1.50	1.50	1.50

数据来源：2011～2020 年《中国统计年鉴》，中国人民银行官网，中国外汇交易中心官网。

目前对城乡居民养老保险基金的核算、审查及基金的保值增值工作存在制度缺位。地方政府对养老保险基金的监管规律认识不到位，监管工作缺乏统一规划，政策制定欠缺合理性，如经办、监管及投资运营等彼此混淆，相关监管部门（如财政、审计、税务、社保）职责不明确，机制不健全。县、区及政府的经办机构无论是从财力还是人才基数资源方面都无法担当起管理城乡居民养老保险的重任。

① 数据来源：《中国统计年鉴 2020》。

第五章　当前我国农村社会养老保险保障效果分析

第一节　农村社会养老保险供给替代率的测算

一、概念界定和指标选取

2014 年，国务院颁发了《国务院关于建立统一的城乡居民基本养老保险制度的意见》[①]，确定了“保基本”的基本原则。然而，现行的农村社会养老保险是否实现了“保基本”的目标？本书将选取农村社会养老保险供给替代率来衡量当前我国农村社会养老保险保障效果。

替代率是衡量社会养老保险的重要指标。养老金替代率主要有三大分类：目标替代率、交叉替代率和平均替代率。衡量社会养老保险保障水平的指标通常有两个，一个是绝对指标，另一个是相对指标。绝对指标是指养老金给付的绝对数额，但是养老金给付的绝对数额往往不能真实反映养老保险的保障水平，因为这一数额经常受到经济发展水平、通货膨胀率等因素的影响。相对指标是指养老金替代率，它是指养老金收入与工资收入之比，计算公式为式 5.1：

$$养老金替代率 = \frac{养老金}{退休前工资收入} \tag{5.1}$$

由于农村社会养老保险参保人主要是农民，目前我国农村居民收入分为农业生产的劳动收入和外出打工的工资收入，本书借鉴李珍和王海东（2013）、刘昌平和刘威（2019）的方法，选取农村居民人均可支配收入指标作为测算农村社会养老保险养老金

① 详见国发〔2014〕8 号。

替代率的基数。因此，本书根据我国农村社会养老保险的相关概念，将农村社会养老保险替代率的测算公式设定为式 5.2：

$$\text{农村社会养老保险供给替代率} = \frac{\text{参保人 60 岁领取的养老金}}{\text{当年农村居民人均可支配收入}} \tag{5.2}$$

二、农村社会养老保险供给替代率测算的基本假设

根据国发〔2014〕8 号文件，我国农村社会养老保险筹资方式为个人缴费、集体补助和财政补贴，养老金发放由财政全额拨款的基础养老金和个人账户养老金组成。由于我国各地实施城乡居民养老保险试点工作不一致①，根据国家政策文件和各省、市、自治区的实际情况，做以下基本假定：

(1) 我国开展城乡居民养老保险的时间统一为 2014 年，由于近年来各省份基础养老金有较大调整，因此本书测算的实际年份为 2019 年。

(2) 自 2009 年"新农保"实施以来，农村社会养老保险筹资过程中，村集体对于个人账户缴费环节的补助很少，考虑到我国目前农村地区集体经济筹资和补贴能力较弱的现实，本书将不考虑集体补助。

(3) 假设农村居民在每年年初缴费，连续缴费 15 年，缴费档次不变；在连续缴费满 15 年和达到 60 周岁后，开始领取养老金。根据国发〔2014〕8 号文件规定的基础养老金待遇调整方案，本书假设国家根据经济发展情况每年调整基础养老金最低标准；在"长缴多得"的激励原则下，缴费每增加一年，每月增发基础养老金。

(4) 假设个人缴费环节的财政补贴随着农村居民的缴费进入个人账户，补贴数额恒定不变。

三、农村社会养老保险供给替代率精算模型构建与参数设定

（一）精算模型的构建

根据以上假设，本书将农村社会养老保险基础养老金供给替代率 $R_{pooling}$ 设定为公式 5.3：

$$R_{pooling} = \frac{P_{pooling,2019,k}\ (1+x)^{\beta-\alpha} + \Delta P_{pooling}}{Y_0\ (1+g)^{\beta-\alpha}} \tag{5.3}$$

其中，$P_{pooling,2019,k}$ 代表各省起始年份的最低养老金标准，x 代表基础养老金的增长率，β 代表参保人领取养老金的年龄，α 代表参保人的参保年龄，$\Delta P_{pooling}$ 代表每月增发的养老

① 城乡居民养老保险试点工作开始于 2011 年，本书参考国发〔2014〕8 号文件的颁布时间。

金；Y_0 代表2019年农村居民人均可支配收入，g 代表农村居民人均可支配收入增长率。

根据国发〔2014〕8号文件和以上假设，当前农村社会养老保险个人账户筹资来源为个人缴费和财政补贴，因此，本书将农村社会养老保险个人账户养老金累计总额 $A_{present}$ 设定为公式5.4：

$$A_{present} = P_{2019}\sum_{i=1}^{\beta-\alpha}(1+g)^{\beta-\alpha-i}(1+r)^{i} + Subsidy\sum_{k=1}^{\beta-\alpha}(1+r)^{k} \tag{5.4}$$

其中，P_{2019} 代表2019年的缴费标准，$Subsidy$ 代表个人缴费环节的财政补贴，r 代表个人账户基金投资收益率。

参保人在年满60周岁后可领取个人账户养老金，个人账户在参保人年满60岁时账户总额的现值 A_{future} 设定为公式5.5：

$$A_{future} = P_{individual}\sum_{j=0}^{m-1}\frac{1}{(1+r)^{j}} \tag{5.5}$$

其中，$P_{individual}$ 代表每年个人账户发放的养老金，m 代表个人账户发放年限。

根据精算平衡原则有 $A_{present} = A_{future}$，可以计算出 $P_{individual}$。因而，农村社会养老保险个人账户养老金供给替代率 $R_{individual}$ 为公式5.6：

$$R_{individual} = \frac{P_{2019}\sum_{i=1}^{\beta-\alpha}(1+g)^{\beta-\alpha-i}(1+r)^{i} + Subsidy\sum_{k=1}^{\beta-\alpha}(1+r)^{k}}{Y_0(1+g)^{\beta-\alpha}\sum_{j=0}^{m-1}\frac{1}{(1+r)^{j}}} \tag{5.6}$$

所以，农村社会养老保险供给总替代率为基础养老金供给替代率和个人账户养老金供给替代率的和，即公式5.7：

$$R = R_{pooling} + R_{individual} \tag{5.7}$$

（二）相关参数设定

第一，根据国发〔2014〕8号文件以及城乡居民养老保险在我国实施的实际情况，本书将参保人的参保年龄设置为16岁，参保时间为2019年，开始领取养老金的年龄为60周岁。本书分别选取了“老人”（在2019年已年满60周岁）、“中人”（在2019年已年满45周岁）“中青年”（在2019年已年满35周岁）和“青年”（在2019年已年满25周岁）“新人”（在2019年已年满16周岁）的缴费年限，即 $\beta-\alpha$ 分别取值为0、15、25、35、44。

第二，农村社会养老保险在各省、市、自治区的实施过程中，各省份个人缴费标准不统一、缴费档次较多、财政补贴标准参差不齐，本书根据各省农村社会养老保险实际实施情况，根据2019年的标准，选取各省个人缴费档次的最低档、中档和最高档，分别测算替代率。各省份个人缴费档次选取和缴费环节的财政补贴见表5.1。

表 5.1　各省份个人缴费低、中、高档次设置及财政补贴情况（单位：元）

地区	低缴费档次	财政补贴	中缴费档次	财政补贴	高缴费档次	财政补贴
北京	2603	60	4337	100	8678	100
天津	600	60	1800	100	3300	150
河北	200	30	1000	75	2000	90
山西	200	35	1000	100	2000	180
内蒙古	200	35	1000	75	2000	180
辽宁	200	40	800	100	2000	160
黑龙江	200	40	800	100	2000	180
上海	500	200	1300	400	5300	675
江苏	100	30	800	60	2000	60
浙江	100	30	800	80	2000	150
安徽	200	40	800	100	2000	150
福建	200	40	800	100	2000	180
江西	300	40	800	75	2000	95
山东	100	30	800	80	2000	80
河南	200	30	800	120	2000	220
湖北	200	46	800	60	2000	60
湖南	200	30	800	60	2000	60
广东	180	30	800	60	2000	60
广西	200	35	800	100	2000	175
海南	200	40	800	110	2000	220
重庆	100	30	800	110	2000	140
四川	200	40	800	70	2000	120
贵州	300	30	800	80	2000	200
云南	100	30	800	100	2000	130
西藏	100	45	800	75	2000	95
陕西	200	30	800	90	2000	200
甘肃	100	30	800	60	2000	60
青海	200	40	800	60	2000	100
宁夏	100	30	800	70	2000	200
新疆	200	60	1000	160	2000	260

数据来源：作者根据各地区城乡居民养老保险制度文件整理。

第三，目前我国农村社会养老保险个人账户养老金月计发标准是个人账户总额除以 139，实际计发年限约为 11.6 年，在计算过程中取整数，令 $m=12$。根据《关于加快推进城乡居民基本养老保险基金委托投资工作的通知》①，各地需要扩大农村社会养老保险个人账户基金投资规模，将新增结余的 80%用于委托投资，因此，本书将个人账户基金收益率 r 设置为 3%（个人账户记账利率）。

第四，根据我国 2013 年至 2019 年农村居民人均可支配收入，具体数值见表 5.2，近 7 年来，我国农村居民人均可支配收入上涨较快。根据《中共中央关于制定国民经济和社会发展第十四个五年规划和二〇三五年远景目标的建议》中的“十四五”和 2035 年远景规划“居民收入增长与经济增长基本同步”的规定，考虑我国未来经济发展形势，本书将农村居民人均可支配收入增长率设置为 5%，即 $g=5\%$。

表 5.2　2013～2019 年农村居民人均可支配收入及增长率

年份	2013	2014	2015	2016	2017	2018	2019
农村居民人均可支配收入（元）	9429.6	10488.9	11421.7	12363.4	13432.4	14617.0	16678.2
农村居民人均可支配收入增长率（%）	11.58	11.23	8.89	8.24	8.65	8.82	14.1

数据来源：2014～2020 年《中国统计年鉴》。

第五，我国目前基础养老金全国最低标准是 88 元/人/月，但各省在实施过程中均对基础养老金进行了调整，因此本书根据各省城乡居民养老保险制度文件对 $P_{pooling,0,k}$ 进行整理，各省份基础养老金情况见表 5.3。根据“长缴多得”的原则，本书根据各省城乡居民养老保险实施方案，将缴费满 15 年每年增发的养老金 $\Delta P_{pooling}$ 设置为 0、缴费满 25 年每年增发 240 元、缴费满 30 年每年增发 360 元、缴费满 35 年每年增发 480 元、缴费满 44 年每年增发 696 元。根据前文分析，基础养老金增长率与经济增长率总体相同，因此本书将 x 设定为 5%。

① 详见人社部发〔2018〕47 号。

表 5.3　2019 年各省份基础养老金及农村地区人均可支配收入（单位：元）

地区	基础养老金	人均可支配收入	地区	基础养老金	人均可支配收入
北京	830	28928.4	安徽	115	15416.0
天津	295	24804.1	福建	130	19568.4
河北	108	15373.1	江西	105	15796.3
山西	103	12902.4	山东	118	17775.5
内蒙古	128	15282.8	河南	103	15163.7
辽宁	108	16108.3	湖北	103	16390.9
吉林	103	14936.0	湖南	103	15394.8
黑龙江	90	14982.1	广东	170	18818.4
上海	1100	33195.2	广西	116	13675.7
江苏	160	22675.4	海南	160	15113.1
浙江	220	29875.8	重庆	115	15133.3
四川	100	14670.1	贵州	93	10756.3
云南	103	11902.4	西藏	180	12951.0
陕西	136	12325.7	甘肃	103	9628.9
青海	180	11499.4	宁夏	143	12858.4
新疆	140	13121.7			

数据来源：各省基础养老金（月）数额根据各地区城乡居民养老保险制度文件整理而成，各省份农村地区人均可支配收入来自《中国农村统计年鉴 2020》。

四、农村社会养老保险供给替代率测算结果

将相关参数值代入公式 5.3、公式 5.6 和公式 5.7，可以得出我国 31 个省、市、自治区的农村社会养老保险在不同缴费档次和不同缴费年限下的供给替代率。对于所有人群来说，基础养老金替代率是各地区基础养老金与农村居民人均可支配收入的比值，而不同人群的养老金替代率差别主要体现在个人缴费的不同档次和不同年限上。

“老人”的情况比较特殊，在政策实施时已年满 60 周岁的农村居民无需缴费，可直接领取基础养老金。因而，“老人”的养老金替代率仅仅是基础养老金与农村地区人均可支配收入的比值，各地区基础养老金替代率见表 5.4。计算结果显示，在全国范围内，除了北京、上海，其余各地区的基础养老金替代率均低于 20%，很难满足“老人”的基本生活需求；基础养老金替代率最高的地区是上海，高达 39.76%；基础养老金替

代率最低的地区是黑龙江，仅为7.21%；一些GDP较高的东部省份如广东、浙江、江苏的基础养老金替代率也不高，分别为10.84%、8.84%和8.47%；中部地区省份如湖北、湖南、江西的基础养老金替代率也较低，仅为8%左右；一些西部省份如云南、甘肃的基础养老金与中部省份的河南、湖北一样，都为103元，但是由于西部省份的农村地区人均可支配收入较低，因此基础养老金替代率反而较高。详见表5.4。

表5.4 2019年各地区“老人”养老金供给替代率（单位:%）

地区	养老金供给替代率	地区	养老金供给替代率	地区	养老金供给替代率
北京	34.43	安徽	8.95	四川	8.18
天津	14.27	福建	7.97	贵州	10.38
河北	8.43	江西	7.90	云南	10.38
山西	9.58	山东	7.97	西藏	16.68
内蒙古	10.05	河南	8.15	陕西	13.24
辽宁	8.05	湖北	7.54	甘肃	12.84
吉林	8.28	湖南	8.03	青海	18.78
黑龙江	7.21	广东	10.84	宁夏	13.35
上海	39.76	广西	10.18	新疆	12.80
江苏	8.47	海南	12.70		
浙江	8.84	重庆	9.12		

数据来源：作者根据公式5.3、公式5.6和公式5.7及参数设定值计算整理而成。

对于“中人”（在2019年已年满45周岁）和“中青年”（在2019年已年满35周岁）来说，当起始缴费为低档次时，个人账户部分替代率对养老金替代率的贡献很少，大部分地区“中人”和“中青年”个人账户替代率仅约为1%～3%；随着缴费年限的延长，个人账户养老金替代率有所上升，但是上涨的幅度较小，大部分地区上涨幅度不超过1%；随着缴费档次的提高，选择中缴费档次的“中人”和“中青年”参保人农村社会养老保险替代率有较大幅度的上升；当参保人选择高缴费档次时，大部分地区农村社会养老保险替代率超过20%，江苏、浙江的养老金替代率低于20%；北京、上海的“中人”和“中青年”养老金替代率较高，分别达到70%左右和60%左右。

表 5.5　各地区“中人”和“中青年”养老金供给替代率（单位:%）

地区	缴费年份	低缴费档次	中缴费档次	高缴费档次	地区	缴费年份	低缴费档次	中缴费档次	高缴费档次
北京	15	44.38	51.00	67.33	湖北	15	9.08	13.13	21.09
	25	45.59	52.86	70.86		25	9.60	14.05	22.83
天津	15	17.08	22.47	29.20	湖南	15	9.67	13.97	22.46
	25	17.60	23.50	30.87		25	10.23	14.95	24.30
河北	15	9.99	15.87	23.03	广东	15	12.00	15.70	22.64
	25	10.57	16.98	24.84		25	12.46	16.51	24.15
山西	15	11.47	18.59	27.49	广西	15	11.96	17.09	27.05
	25	12.15	19.89	29.55		25	12.58	18.15	29.00
内蒙古	15	11.65	17.54	25.17	海南	15	14.32	18.96	27.97
	25	12.22	18.65	26.91		25	14.88	19.92	29.74
辽宁	15	9.56	15.15	22.39	重庆	15	9.99	15.17	23.80
	25	10.10	16.21	24.04		25	10.50	16.16	25.67
吉林	15	9.91	15.94	23.75	四川	15	9.84	14.62	23.91
	25	10.50	17.08	25.53		25	10.42	15.61	25.73
黑龙江	15	8.84	14.85	22.63	贵州	15	13.62	19.02	32.00
	25	9.42	15.99	24.41		25	14.55	20.40	34.45
上海	15	41.85	44.93	58.66	云南	15	11.49	18.08	29.05
	25	42.15	45.40	60.34		25	12.14	19.34	31.43
江苏	15	9.05	12.50	18.26	西藏	15	17.69	23.75	33.83
	25	9.39	13.17	19.52		25	18.29	24.91	36.02
浙江	15	9.28	11.90	16.27	陕西	15	15.22	20.91	31.96
	25	9.54	12.41	17.22		25	15.91	22.08	34.12
安徽	15	10.53	16.37	23.94	甘肃	15	14.20	22.34	35.91
	25	11.10	17.48	25.67		25	15.00	23.91	38.85
福建	15	8.64	12.65	19.32	青海	15	20.90	27.00	38.85
	25	9.04	13.42	20.77		25	21.64	28.26	41.17
江西	15	10.23	13.84	22.20	宁夏	15	14.37	20.46	30.62
	25	10.85	14.78	23.97		25	14.97	21.64	32.83
山东	15	8.70	13.12	20.46	新疆	15	14.80	22.01	30.87
	25	9.14	13.96	22.06		25	15.44	23.21	32.81
河南	15	9.02	14.19	22.80					
	25	9.53	15.18	24.67					

数据来源：作者根据公式 5.3、公式 5.6 和公式 5.7 及参数设定值计算整理而成。

根据表5.6的数据，对于“青年”和“新人”来说，当参保人选择低缴费档次时，农村社会养老保险替代率也较低，如江苏、浙江、福建、山东、河南的养老金替代率仍然低于10%；随着缴费档次的提高，选择中缴费档次的参保人的养老金替代率逐步上升，大部分中、西部省份养老金替代率超过20%；当起始缴费为高档次时，农村社会养老保险替代率较高，除江苏、浙江、福建、山东、湖北、广东之外，其余各地区“新人”养老金替代率均超过30%。可见对于农村居民来说，在年满16岁时选择高缴费档次参保，能够在退休后获得更高养老金替代率。

表5.6 各地区“青年”和“新人”养老金供给替代率（单位:%）

地区	缴费年份	低缴费档次	中缴费档次	高缴费档次	地区	缴费年份	低缴费档次	中缴费档次	高缴费档次
北京	35	48.18	57.14	79.47	湖北	35	10.03	15.52	26.41
	44	50.44	60.85	86.86		44	10.28	16.68	29.40
天津	35	18.35	25.63	34.73	湖南	35	10.68	16.53	28.12
	44	18.91	27.39	37.98		44	10.94	17.76	31.31
河北	35	11.03	18.93	28.66	广东	35	12.81	17.79	27.28
	44	11.31	20.48	31.83		44	13.00	18.80	29.88
山西	35	12.70	22.19	34.04	广西	35	13.12	19.90	33.24
	44	13.02	24.02	37.76		44	13.43	21.26	36.75
内蒙古	35	12.69	20.61	30.70	海南	35	15.37	21.50	33.57
	44	12.96	22.24	33.84		44	15.64	22.73	36.75
辽宁	35	10.55	18.06	27.64	重庆	35	10.78	17.76	29.56
	44	10.80	19.61	30.62		44	10.89	19.02	32.80
吉林	35	10.97	19.08	29.41	四川	35	10.93	17.24	29.68
	44	11.25	20.75	32.62		44	11.21	18.51	32.95
黑龙江	35	9.90	17.98	28.28	贵州	35	15.48	22.64	39.82
	44	10.17	19.64	31.47		44	16.10	24.38	46.68
上海	35	42.58	46.48	64.84	云南	35	12.50	21.38	36.38
	44	42.37	47.34	68.64		44	12.64	22.97	40.49
江苏	35	9.58	14.24	22.11	西藏	35	18.62	26.78	40.56
	44	9.65	15.07	24.27		44	18.75	28.24	44.35
浙江	35	9.68	13.22	19.19	陕西	35	16.51	24.03	38.83
	44	9.73	13.85	20.83		44	16.84	25.53	42.72
安徽	35	11.56	19.42	29.43	甘肃	35	15.45	26.42	44.96
	44	11.83	21.04	32.54		44	15.62	28.39	50.05

续表

地区	缴费年份	低缴费档次	中缴费档次	高缴费档次	地区	缴费年份	低缴费档次	中缴费档次	高缴费档次
福建	35	9.26	14.66	23.78	青海	35	22.29	30.34	46.21
	44	9.34	15.63	26.28		44	22.65	31.96	50.38
江西	35	11.48	16.31	27.68	宁夏	35	15.30	23.52	37.40
	44	11.90	17.50	30.76		44	15.43	24.99	41.21
山东	35	9.38	15.33	25.37	新疆	35	15.97	25.44	37.17
	44	9.47	16.39	28.13		44	16.27	27.20	40.77
河南	35	9.81	16.78	28.55					
	44	9.92	18.03	31.78					

数据来源：作者根据公式 5.3、公式 5.6 和公式 5.7 及参数设定值计算整理而成。

一些东部省份如江苏、浙江、福建的养老金替代率低于大部分中、西部省份的原因主要有以下三点：第一，该地区的基础养老金设置过低，导致其基础养老金替代率低于其他省份，根据表 5.3 的数据，江苏、浙江和福建的 160 元、220 元和 130 元，虽然其基础养老金比大部分中部省份高，但是超出的比例较低；第二，该地区的个人账户缴费档次和财政补贴与中、西部地区一样，导致其个人账户养老金替代率与中、西部省份相差无几；第三，该地区农村人均可支配收入较高，在基础养老金较低和个人账户养老金与其他地区相差无几的情况下，反而导致该地区养老金替代率的下降。

由于北京和上海的基础养老金较高，其养老金替代率遥遥领先其他地区，尤其是“新人”选择高缴费档次参保时，退休后养老金替代率分别高达 86.86%和 68.64%；值得注意的是，北京的基础养老金低于上海，但由于北京的个人账户低、中、高缴费档次金额设置均高于上海，因此其养老金总替代率高于上海。

第二节　农村社会养老保险需求替代率测算及分析

一、ELES 模型的构建与描述

城乡居民养老保险的宏观制度框架是由中央制定的，各地在实施时具有很大的自主性和灵活性。地方政府可以根据实际情况适当增加农村社会养老保险需求替代率研究，比如农村居民达到领取养老金的年龄后，需要多少养老金才能满足基本生活开支，从需求端来研究农村社会养老保险的合意替代率。本章采用扩展线支出系统模型（Extended Linear Expenditure System，ELES 模型）来测算我国农村社会养老保险合意替代率。

ELES 模型是英国经济学家 Liuch 于 1973 年在线性支出系统模型（LES 模型）的基础上改良得来的。在 ELES 模型中，居民的消费被分为必要需求和超额需求两部分，其中，必要需求是指满足居民基本日常生活的需求，它与居民收入无关。本书选取 ELES 模型来测算农村社会养老保险需求替代率。

ELES 模型的具体表达式为公式 5.8：

$$P_i X_i = P_i X_i^0 + \beta_i \left(I - \sum_{j=1}^{n} P_j X_j^0\right) \ (0 \leqslant \beta_i \leqslant 1; i, j = 1, 2, \cdots, n; \sum_{i}^{k} \beta_i \neq 1) \tag{5.8}$$

其中 E_i 代表居民对 i 类商品的总支出，P_i 代表第 i 类商品的价格，X_i 代表居民对第 i 种商品的消费数量，X_i^0 代表居民对必要消费 X^0 的消费数量，β_i 代表居民对第 i 种商品的边际消费倾向，I 代表居民可支配收入。其中，公式 5.8 右边第一项 $P_i X_i^0$ 表示居民对必要商品的消费，其中 $X_i^0>0$，第二项 $I - \sum_{j=1}^{k} P_j X_j^0$ 表示居民对除了必要消费以外的第 i 类商品的超额消费。在收入既定的情况下，居民首先满足必要消费，再根据个人的边际消费倾向，对余下的收入进行消费或储蓄。

令 $E_i = P_i X_i$，$E_i^0 = P_i X_i^0$，E_i 代表居民对 i 类商品的总支出，E_i^0 代表居民对必要商品消费支出，则有公式 5.9：

$$E_i = E_i^0 + \beta_i \left(I - \sum_{j=1}^{n} C_i^0\right) (i, j = 1, 2, \cdots, n) \tag{5.9}$$

对公式 5.9 进行整理可得公式 5.10：

$$E_i = \left(E_i^0 - \beta_i \sum_{j=1}^{n} C_i^0\right) + \beta_i I \ (i, j = 1, 2, \cdots, n) \tag{5.10}$$

当利用截面数据进行分析计算时，公式 5.10 中的 E_i^0 及 $\sum_{j=1}^{n} C_i^0$ 都是给定的常数，令 $\alpha_i = E_i^0 - \beta_i \sum_{j=1}^{n} C_i^0$ ，可以将公式 5.10 写成基于计量经济学模型的公式 5.11：

$$E_i = \alpha_i + \beta_i I + \mu_i \tag{5.11}$$

公式 5.11 中，α_i、β_i 是待估参数，μ_i 是误差项，利用最小二乘法对 α_i、β_i 进行参数估计可以得到估计值 $\widehat{\alpha_i}$ 和 $\widehat{\beta_i}$。令 $\alpha_i = E_i^0 - \beta_i \sum_{j=1}^{n} C_i^0$ ，对两边求和可得公式 5.12：

$$\sum_{i=1}^{n} C_i^0 = \frac{\sum_{i=1}^{n} \alpha_i}{1 - \sum_{i=1}^{n} \beta_i} \tag{5.12}$$

将待估参数 $\widehat{\alpha_i}$ 和 $\widehat{\beta_i}$ 代入公式 5.12，可计算出 $\sum_{i=1}^{n} C_i^0$ ，即所有必需商品的消费支出，用 C^0 来表示所有必需商品的消费支出，即有 $C^0 = \sum_{i=1}^{n} C_i^0$ 。

二、评估指标与数据来源

农村社会养老保险需求替代率是由农村居民的可支配收入和消费决定的，本书的ELES模型主要涉及的指标有：农村居民人均消费支出和农村居民人均可支配收入。本书将农村居民的消费分为八大类：食品、衣着、居住、家庭用品服务、交通与通信、文化娱乐、医疗保健与其他。由于省级层面的农村居民的消费构成数据不可得，因而在对待估参数 $\widehat{\alpha_i}$ 和 $\widehat{\beta_i}$ 进行估计时，本书采用历年《中国统计年鉴》中的五等份分组农村居民人均可支配收入和农村居民人均消费情况作为截面数据。在对农村居民人均可支配收入的数据选取过程中，本书选取了农村居民按五等份划分的低收入组家庭、中间偏下收入组家庭、中间收入组家庭、中等偏上收入组家庭和高收入组家庭，原因是：不同收入人群之间的消费偏好有较大差异，若选取全国 31 个省、市、自治区的农民人均消费支出数据来进行评估，会产生选择性偏误，因此选用农村居民按五等份划分的消费支出能使结果更加准确。由于城乡居民养老保险制度在 2012 年开始全国试点，因此本书对农村居民消费支出的测算仅限于 2012 年至 2019 年。

三、农村社会养老保险需求替代率的测算

将所选取的数据代入公式 5.11，可以计算出 α_i 、β_i 的估计值 $\widehat{\alpha_i}$ 和 $\widehat{\beta_i}$ ，结果详见表 5.7。从 $\widehat{\alpha_i}$ 和 $\widehat{\beta_i}$ 的测算数据可以看出，在 2012 年至 2019 年，我国农村地区居民的各项必要消费支出均呈现总体上涨的趋势，其中上涨幅度较大的消费主要有食品消费支出和居住消费支出。从边际消费倾向来看，农村居民在 2019 年边际消费倾向从高到低的顺序是：食品、居住、交通与通信、文化娱乐、医疗保健、衣着、家庭用品服务和其他。由此可以看出，我国农村居民在收入上涨时，首先消费的是食品和居住，而衣着、家庭用品服务和其他消费对于农村居民来说仍然是奢侈品。在 2012 年至 2019 年，我国农村居民边际消费倾向均低于 0.6，这就意味着，在其他条件既定的情况下，我国农村居民更愿意将几乎一半的钱用于储蓄。

表 5.7　农村居民 ELES 模型的参数估计结果

年份	参数值	食品	衣着	居住	家庭用品服务	交通与通信	文化娱乐	医疗保健	其他
2012	$\hat{\alpha_i}$	1599.37*	187.09*	199.24	80.66*	42.74***	69.19*	128.86*	20.3
	$\hat{\beta_i}$	0.156*	0.032*	0.121*	0.031*	0.055*	0.064*	0.03*	0.023*
	R^2	0.996	0.997	0.992	0.997	0.996	0.997	0.999	0.997
2013	$\hat{\alpha_i}$	1646.78*	194.61*	225.89	85.31	49.57	60.12*	139.12*	24.23***
	$\hat{\beta_i}$	0.156*	0.032*	0.016*	0.032*	0.068*	0.066*	0.033*	0.017*
	R^2	0.993	0.999	0.998	0.992	0.992	0.995	0.997	0.999
2014	$\hat{\alpha_i}$	1700.35*	203.57*	292.1	88.24	54.72	62.92*	148.08*	31.31***
	$\hat{\beta_i}$	0.158*	0.03*	0.107*	0.029*	0.07*	0.065*	0.033*	0.016*
	R^2	0.994	0.998	0.98	0.985	0.996	0.998	0.998	0.996
2015	$\hat{\alpha_i}$	1786.17*	220.17*	351.43*	94.69*	61.22*	71.86*	159.15*	34.86*
	$\hat{\beta_i}$	0.154*	0.033*	0.089*	0.029*	0.069*	0.069*	0.036*	0.019*
	R^2	0.994	0.998	0.993	0.998	0.996	0.998	0.994	0.998
2016	$\hat{\alpha_i}$	1877.92*	227.13*	405.74***	104.92*	70.33**	80.61*	163.06*	37.85*
	$\hat{\beta_i}$	0.164*	0.037*	0.114*	0.032*	0.075*	0.071*	0.041*	0.021*
	R^2	0.997	0.999	0.99	0.998	0.998	0.997	0.994	0.997
2017	$\hat{\alpha_i}$	1945.16*	236.1*	588.58**	112.08*	79.56**	82.29**	171.61*	40.54*
	$\hat{\beta_i}$	0.156*	0.036*	0.12*	0.033*	0.075*	0.068*	0.038*	0.023*
	R^2	0.996	0.999	0.993	0.997	0.997	0.995	0.999	0.998
2018	$\hat{\alpha_i}$	1991.03*	246.96*	697.15*	118.61*	90.96*	79.79**	173.09*	41.45*
	$\hat{\beta_i}$	0.154*	0.036*	0.131*	0.033*	0.074*	0.061*	0.038*	0.019*
	R^2	0.997	0.997	0.982	0.998	0.991	0.996	0.998	0.999
2019	$\hat{\alpha_i}$	2055.16*	251.95*	892.2***	130.68*	107.16	87.16**	180.62*	46.64**
	$\hat{\beta_i}$	0.147*	0.037*	0.134*	0.037*	0.076*	0.065*	0.04*	0.024*
	R^2	0.996	0.997	0.984	0.992	0.99	0.996	0.991	0.995

数据来源：作者根据历年《中国统计年鉴》中的五等份分组农村居民人均可支配收入和农村居民人均消费情况计算而成。

注：*,**,***表示分别在1%、5%、10%水平上显著。

将表 5.7 中测算出的 $\hat{\alpha_i}$ 和 $\hat{\beta_i}$ 的数据代入公式 5.11，可以计算出我国农村居民必要消费的数据，具体数据见表 5.8。在 2012 年至 2019 年，我国农村居民必要消费支出总体递增，从 2012 年的 4597.14 元上涨至 2019 年的 7309.01 元，涨幅为 59%；同时，我国农村居民人均可支配收入在近 8 年间高速增长，从 2012 年的 7916.6 元上涨至 2019 年的 16678.2 元，翻了一番；在农村居民必要消费支出和农村居民人均可支配收入同时上涨的情况下，农村居民人均需求替代率没有出现明显的变化趋势。

表 5.8　2012～2019 年我国农村居民必要消费支出

年份	2012	2013	2014	2015	2016	2017	2018	2019
$\sum_{i=1}^{n}\alpha_i$	2327.45	2425.63	2581.29	2779.55	2967.56	3255.92	3439.04	3751.57
$1-\sum_{i=1}^{n}\beta_i$	0.488	0.58	0.492	0.502	0.445	0.451	0.454	0.44
必要消费支出 C^0（元）	4597.14	4003.79	4995.15	5111.12	6005.88	6403.15	6621.13	7309.01

数据来源：作者根据表 5.7 的数据及公式 5.11 计算整理而成。

四、农村社会养老保险供需替代率测算结果

根据表 5.4 和表 5.8 的测算结果可以看出，对于“老人”来说，从全国范围来看，现行的农村社会养老保险制度提供的基础养老金较低，若“老人”退休后无其他收入来源，基础养老金无法满足农村居民日常生活必要消费支出的需要。

对于“中人”和“中青年”来说，只有北京和上海的居民能够在分别缴费满 15、25 年后，才能在退休后获得能够满足日常生活必要消费支出的养老金。对于其他地区的“中人”和“中青年”来说，现有的农村社会养老保险制度所提供的养老金都无法满足其退休后的日常基本生活。其中，北京的“中人”和“中青年”只需要选择低缴费档次缴费至 60 岁，即可获得高于日常生活必要消费支出的养老金，而上海的“中人”和“中青年”需要选择中缴费档次或高缴费档次缴费至 60 岁，才能获得高于日常生活必要消费支出的养老金。

对于“青年”来说，全国范围内有北京、天津、山西、上海、广西、海南、贵州、云南、西藏、陕西、甘肃、青海、宁夏、新疆在选择高缴费档次缴费至 60 岁时，才能获得高于日常生活必要消费支出的养老金；其他地区的“青年”无论选择何种缴费档次，均不能在退休后获得满足日常基本生活的养老金。

对于“新人”来说，全国范围内有河北、辽宁、黑龙江、江苏、浙江、福建、江西、山东、河南、湖北、湖南、广东等地的“新人”在选择高缴费档次缴费至 60 岁时，仍无法获得满足日常生活的养老金；其余地区（除北京、上海）的“新人”均可在选择高缴费档次连续缴费至 60 岁时，获得满足日常基本生活的养老金，详见表 5.6

和表 5.9。

表 5.9　农村居民必要消费支出和需求替代率测算

年份	$\sum_{i=1}^{n}\alpha_i$	$1-\sum_{i=1}^{n}\beta_i$	必要消费支出 C^0（元）	农村居民人均可支配收入 I（元）	需求替代率（%）
2012	2327.45	0.488	4597.14	7916.6	57.92
2013	2425.63	0.580	4003.79	9429.6	43.64
2014	2581.29	0.492	4995.15	10488.9	46.18
2015	2779.55	0.502	5111.12	11421.7	45.49
2016	2967.56	0.445	6005.88	12363.4	49.02
2017	3255.92	0.451	6403.15	13432.4	48.15
2018	3439.04	0.454	6621.13	14617.0	44.21
2019	3751.57	0.440	7309.01	16678.2	46.16

数据来源：作者计算整理而成。

为了更直观地看出不同年龄参保人均需求替代率，本书利用直线趋势预测法对我国 2020 年至 2060 年我国农村居民必要消费支出进行线性拟合，令 $t=1,2,\cdots,39$ ，设 2020 年 $t=1$ ，拟合的方程见公式 5.13：

$$\begin{cases} C^0 = 754.588 + 759.215t \\ S.E. = (77.135)\ (20.216) \\ sig. = (0.000)\ (0.000) \\ R^2 = 0.991, F = 216.976 \end{cases} \tag{5.13}$$

根据公式 5.13，2020 年至 2060 年我国农村居民必要消费支出和农村居民人均需求替代率情况如表 5.10。为了与上文的参数设定保持一致，同样将我国农村居民人均可支配收入年增长率设定为 5%。在未来 40 年内，我国农村居民人均需求替代率的变化为“倒 U 型”；在 2020 年至 2030 年，我国农村居民必要消费支出上涨幅度较快，在未来 10 年间农村居民人均需求替代率达到峰值，为 55.17%；在 2032 年至 2050 年，随着农村居民人均可支配收入的快速上涨，农村居民人均需求替代率总体上呈现稳步下降的趋势；在 2050 年至 2060 年，随着农村居民人均可支配收入的进一步上涨，农村居民人均需求替代率降至 40%以下，2060 年的农村居民人均需求替代率仅为 31.91%。

表 5.10　2020～2060 年我国农村居民人均需求替代率的测算

年份	必要消费支出（元）	需求替代率（%）	年份	必要消费支出（元）	需求替代率（%）
2020	7561.614	44.95%	2042	24184.55	49.15%
2022	9072.79	48.92%	2044	25695.726	47.37%
2024	10583.966	51.77%	2046	27206.902	45.49%
2026	12095.142	53.66%	2048	28718.078	43.55%
2028	13606.318	54.75%	2050	30229.254	41.58%
2030	15117.494	55.17%	2052	31740.43	39.60%
2032	16628.67	55.05%	2054	33251.606	37.63%
2034	18139.846	54.47%	2056	34762.782	35.68%
2036	19651.022	53.52%	2058	36273.958	33.77%
2038	21162.198	52.28%	2060	37785.134	31.91%
2040	22673.374	50.80%			

数据来源：根据公式 5.13 计算整理而成。

第三节　农村社会养老保险保障效果分析

一、农村社会养老保险供给替代率与需求替代率的比较

根据对农村社会养老保险供需替代率的比较，我们可以发现：

第一，对于 60 岁以上领取待遇的“老人”来说，现行的农村社会养老保险的基础养老金不足，保障效果较差，难以满足农村老年居民日常生活必要支出。

第二，针对“中人”和“中青年”而言，在全国范围内，只有北京和上海的居民在分别缴费满 15 和 25 年后，才能在退休后获得足够支持日常生活必需消费支出的养老金。然而，对于其他地区的“中人”和“中青年”来说，现行的农村社会养老保险的基础养老金都难以满足他们的日常基本生活需求。具体而言，北京的“中人”和“中青年”只需选择低缴费档次并缴纳至 60 岁即可获得足够日常生活的养老金，而上海的“中人”和“中青年”则需要选择中或高缴费档次缴纳至 60 岁。

第三，针对“青年”而言，在全国范围内，北京、天津、山西、上海、广西、海南、贵州、云南、西藏、陕西、甘肃、青海、宁夏、新疆的居民选择高缴费档次并缴

纳至 60 岁，才能获得高于日常生活必要消费支出的养老金。然而，其他地区的青年即使选择最高缴费档次连续缴费至 60 岁，也无法获得足够基本生活所需的养老金。

第四，针对“新人”而言，除北京和上海之外，河北、辽宁、黑龙江、江苏、浙江、福建、江西、山东、河南、湖北、湖南和广东的“新人”即使选择最高缴费也无法获得足够的养老金来满足日常生活所需，而其他地区选择高缴费档次并连续缴费至 60 岁时，可以获得足够满足日常基本生活所需的养老金。

二、农村社会养老保险与城镇职工基本养老保险保障效果的比较

由于筹资方式、缴费模式、给付标准及财政补贴的不同，农村社会养老保险与职工基本养老保险的保障效果有较大差距。

一方面，从人均绝对养老金水平来看①，城乡养老金水平差距较大，详见图 5.1。自“新农保”实施以来，我国农村居民人均养老金仅为 61 元，同年城镇职工人均养老金为 1334 元；近十年来，城乡人均养老金差距逐渐拉大，从柱状图可以看出，农村居民月人均养老金占城镇职工月人均养老金的比重越来越小，两者之间的差额越来越大。在 2019 年，农村居民月人均养老金为 154 元，是 2009 年的 2.52 倍，而城镇职工月人均养老金为 3260 元，是 2009 年的 2.44 倍；但是农村居民月人均养老金基数小，因此实际金额增长率比城镇职工缓慢。

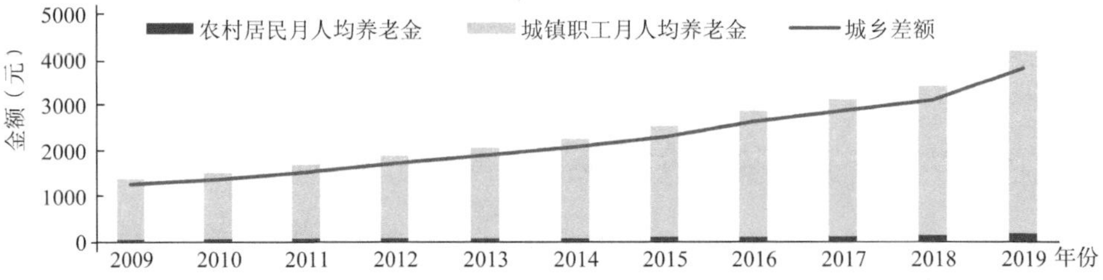

图 5.1　绝对养老金城乡差额

数据来源：2010～2020 年《中国统计年鉴》及《人力资源和社会保障事业发展统计公报》。

另一方面，从相对水平来看，城乡养老金替代率水平差距大。由于农村居民和城镇职工在收入和消费方面均有较大差距，且两类养老保险制度的筹资模式、养老金给付也不同，因此单纯地比较绝对养老金不足以说明养老保险保障效果的差距。这里将引入养老金平均替代率和消费替代率来衡量相对养老金的城乡差距。图 5.2 的左坐标

① 人均绝对养老金计算公式：人均绝对养老金＝基金支出/领取待遇人数，数据来自 2009～2020 年《人力资源和社会保障事业发展统计公报》。

轴表示城镇居民养老金平均替代率和消费替代率[①]，2009 年至 2019 年城镇养老金平均替代率稳定在 50%左右，而消费替代率稳步上升，在 2019 年达到 170%；右坐标轴代表农村居民养老金平均替代率和消费替代率[②]，近十年的农村养老金平均替代率在 15%上下，而消费替代率呈总体下降趋势。

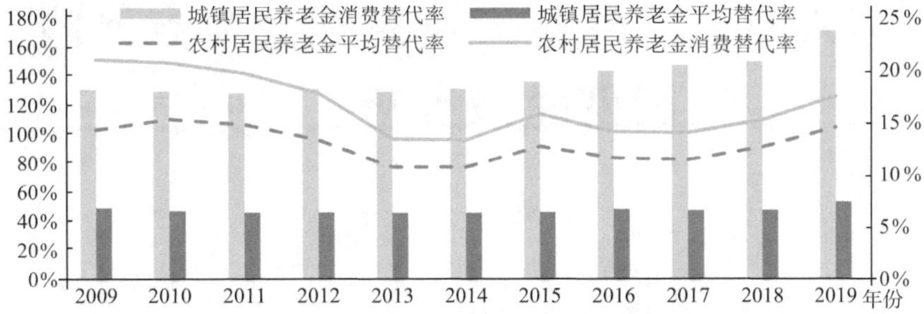

图 5.2　城乡养老金相对水平的差距

数据来源：2010～2020 年《中国统计年鉴》及《人力资源和社会保障事业发展统计公报》。

① 城镇居民养老金平均替代率计算公式：城镇居民平均养老金＝（城镇职工基本养老保险基金支出总额/领取待遇人数）/上年度在岗职工平均工资，数据来自 2009～2020 年《人力资源和社会保障事业发展统计公报》和《中国统计年鉴》。

② 农村居民养老金平均替代率计算公式：农村居民平均养老金＝（城乡居民养老保险基金支出总额/领取待遇人数）/上年度农村居民人均可支配收入，数据来自 2009～2020 年《人力资源和社会保障事业发展统计公报》和《中国统计年鉴》。

第六章　国外统筹城乡社会养老保险制度经验借鉴

第一节　日本农村社会养老保险制度的建立与完善

一、统筹城乡的国民养老金制度

日本作为亚洲人口老龄化最严重的国家，日本多层次的国民养老保险制度的设计思路与我国有相似之处，可为我国提供借鉴意义。

日本的国民年金制度借鉴了德国的基本养老保险制度，但与德国不同的是，日本的最早的养老金制度是专门针对军人和管理者的抚恤制度，并不是面向广大工人的。1939 年，日本出现了真正覆盖工人的养老金制度，即《船员保险法》和《劳动者年金保护法》，这两部法律主要目的是鼓励更多的人从事危险行业。1942 年，日本劳动省实施了覆盖私营企业男性职工的《工人养老金保险法》，1944 年日本厚生省接替劳动省掌管社会养老保险，将以前未被覆盖的女性职工和其他工薪阶层纳入了养老保险范围。

20 世纪中期，日本经济进入高速增长时期。1947 年，日本颁布了《日本国宪法》，建立了新的厚生年金制度；随后，日本又在多个部门成立“共济组合”，创建了各个部门的“共济年金”，例如 1956 年建立的公营企业雇员共济年金、1959 年建立的公务员共济年金、农林渔业雇员共济年金。1960 年，日本颁布了《国民养老金法》，将所有国民纳入社会养老保险体系。此时，日本养老保险结构主要是由三个独立的国民年金、厚生年金和共济年金组成，基本覆盖了大部分的公民。但是，不同的养老保险制度不仅在制度上分离，体系上也相互不统一，而且在保费筹资和缴纳水平上存在较大差异，“碎片化”问题十分明显。

1985年，日本决定整合三大养老保险制度，并于1986年颁布了新的《国民年金法》，尝试在原有的三大分离的养老保险制度中加设一层新的普惠制养老保险以达到统筹整合的效果，具体做法是：将原有的三支柱养老保险结构改为两层次养老保险结构，第一层次是覆盖全体国民的国民年金制度，第二层是由共济年金和厚生年金等组成的职业养老保险制度。日本现行的养老保险制度具有以下四个特点：第一，国民年金包括三类被保险人，第一类参保人包括农民、学生和自由职业者，第二类参保人包括工薪阶层，第三类参保人包括第二类参保人的配偶。第二，国民年金给付费用的1/3（2009年提高至1/2）和管理费用全部来自财政。第三，国民年金的参保人可以根据自身职业特点加入第二层次的两大类年金中，而第二层年金的参保人必须也是国民年金的参保人，形成了养老保险制度覆盖的“闭环”系统。第四，国民年金系统由政府运营，并且通过立法来确定保险费的缴纳和养老金给付。这种可以覆盖每一位公民的年金制度，尤其是保底型的国民年金，在一定程度上使得全体国民能够平等地享有同额的养老金。

二、日本农村社会养老保险制度设计和建立时机

随着日本经济的快速发展，日本城乡二元化格局加剧，农村社会的经济发展程度一直滞后于城镇，与我国社会情况较为相近。随着快速的城镇化和工业化进程，农村地区的老龄化问题不断加剧。为了保障农民的晚年生活和保障农村社会的稳定，日本政府迫切需要为农民建立社会养老保险制度以解决农民退休后的后顾之忧，提高年轻一代从事农业的积极性。因此，日本在建立了较为完善的城镇社会养老保险制度之后，开始建立农村社会养老保险制度，走上了“先城市、后农村”的道路，逐渐形成了基础统一、统筹城乡、多层次保障的社会养老保险制度体系。

自20世纪50年代以来，日本经济快速增长，政府将社会养老保险制度的建立提上日程。除了继续扩大国民年金覆盖率之外，日本政府还参照厚生年金和共济年金的方法，在1971年建立了农业劳动者年金，从而使得农民能够与城镇居民同权地享有补充型的养老保险。然而，农业劳动者年金门槛较高，而且财政初期对其支持力度也很低，该制度仅在五年后就面临停顿萎缩的局面。

在2002年以前，农业劳动者年金的参保人必须是年龄在20～55岁的国民年金的参保人，且参保人必须拥有一定规模以上的土地且从事一定时间的农业劳作。月缴费标准是固定缴费档次，中央财政补贴1/3，每位参保人月缴费额为750日元；给付标准包含了经营转移年金、农民老龄年金、退保一次性补贴和死亡补贴。

为了扩大农业劳动者年金的覆盖率，提高农民参保的积极性，日本政府在2002年

对其进行调整，具体内容如下：（1）每年从事农业满 60 天者即可以加入农业劳动者年金，不再要求农民出让土地权利；（2）参保人可自愿退出，待申请批准后可一次性领取养老金；（3）确定了政府财政补贴数额，其中个人缴费部分农民承担 2/3，财政负担 1/3；（4）月缴费标准根据参保人的年龄、性别和利率设立在 2 万日元至 6.7 万日元之间，农民可根据自身情况选择缴费档次，并且取消缴费年限设置。①

三、日本农村社会养老保险制度对我国的启示

日本与我国经济社会发展情况相近，尽管日本社会养老保险制度存在财政支持压力大、退保逃费现象严重、基金收不抵支等问题，但“全民皆年金”的设计理念和统筹模式扩大了社会养老保险制度的覆盖面，并且在一定程度上实现了社会养老保险制度的公平性，我国可以适当借鉴日本统筹城乡社会养老保险制度的设计思路和多层次养老保险制度的制度模式。

（一）政府在财政投入、基金运营等方面起主导作用

日本政府在建立统筹城乡社会养老保险制度中担起了模式设计、财政支持和基金保值增值的重要责任。第一，日本政府通过建立第一层的普惠制国民年金制度达到了养老保险的社会统筹，在第二层建立了包括厚生年金、共济年金和农业劳动者年金在内的职业年金，兼顾公平和效率。第二，日本多国民年金体系的资金主要来源是国家财政，其中不仅包括养老保险基金的运营费用，财政还负担了缴费总额的 1/3，甚至在 2009 年财政“紧平衡”的情况下将负担额提升至 1/2。我国应当参考日本“全民皆年金”的原则，建立起覆盖全民的、无差别的社会养老保险制度，通过建立非缴费型养老保险，无差别地覆盖广大农村居民和城镇居民；第二层是包括农民年金、企业年金和公务员年金在内的职业年金，既体现公平，又体现职业上的养老金差别。在进行养老保险的城乡统筹过程中，我国财政必须向农村倾斜，加大对普惠型基础养老金的财政投入力度，不断提高社会养老保险的覆盖率，消除“碎片化”的养老保险制度。

（二）通过建立多层次的养老保险实现制度统一

日本在建立了“全民皆年金”的国民年金制度之前也存在养老保险制度“碎片化”、不同群体的养老保险制度分离、人群之间养老金差异大等现象。随着日本国民年金制度的建立和完善，以上问题得以基本解决，社会养老保险在制度上达到了统一。同时，为了满足不同群体老龄人口的养老需求，缩小不同群体之间待遇差距，日本政

① 郑秉文等：《日本社保基金“东亚化”投资的惨痛教训》，《国际经济评论》，2005 年第 3 期。

府在国民年金的基础上，建立了多层次的养老保险体系，调动了各类人群的参保积极性，实现了养老资源的整合。我国应当重视多支柱养老保险制度的建设，在建立覆盖全体社会成员的统一的养老保险的基础上，实行多元化、灵活的补充养老体系，建立不同职业的第二层职业年金，从而提升社会养老保险的保障效果。

（三）通过“分步走”战略对养老保险制度进行改革

日本政府逐步地统一了原先相互分离的社会养老保险制度，建立了国民年金、共济年金和厚生年金为主体的多层次养老保险制度体系，然后再逐渐将农民、个体经营者和家庭主妇等群体纳入其中。此外，农村社会养老保险制度设计与日本的农业制度紧密结合，通过建立与共济年金、厚生年金类似的农业劳动者年金制度，缩小了农民与其他群体的养老金差距。我国幅员辽阔，地区之间经济发展不平衡，农村地区人口老龄化问题严峻，农民收入较低。因而，在社会养老保险制度城乡统筹的过程中切忌“一刀切”的做法，必须实行“分步走”战略。第一步，要整合现有的农民工养老保险、失地农民养老保险等制度，实现农村社会养老保险的“小统筹”；第二步，要整合城镇职工基本养老保险和机关事业单位养老保险，实现城镇社会养老保险的“中统筹”；第三步，实现农村社会养老保险和城镇社会养老保险的“大统筹”。

第二节　巴西统筹城乡社会养老保险制度的发展历程及启示

一、巴西统筹城乡社会养老保险体系概述

1963年，巴西就已经建立非缴费型农村社会养老保险制度。经过不断地改革与发展，巴西农村地区非缴费型养老金为300美金/人/月，其平均替代率高达70%，就财政负担而言，非缴费型养老金的支出预算约为GDP的2.0%。因此，巴西农村地区非缴费型养老保险制度对我国确定统筹城乡社会养老保险制度参数有借鉴意义。

巴西是南美洲国土面积最大，人口最多，经济实力最强的发展中国家，同时也是拉丁美洲最早建立社会保障体系的国家之一[①]。近年来，巴西人口增长迅速，从2010年的1.908亿增长到2019年的2.085亿；人口老龄化率在2019年为9.22%，低于世界经合组织（OECD）国家的平均值17.2%[②]。但是随着越来越多的女性进入职场和生育意愿下降，巴西的生育率逐年下降，当前生育率仅为1.72。因此，巴西将在将来面

① 房连泉：《20世纪90年代以来巴西社会保障制度改革探析》，《拉丁美洲研究》，2009年第2期。

② 数据来源：OECD database。

临人口老龄化问题，对现有的养老保险体系造成威胁。

与邻国智利不同，巴西并未将其养老金系统私有化，但是在其多支柱养老保险体系中包括一个互补的养老金体系，该体系由1977年设立的公司退休金基金管理的封闭式养老金体系，以及由雷亚尔的产品组成的银行和保险公司管理的开放式体系组成。在过去的25年中，补充养老金基金投资收益率非常可观，巴西的补充养老金体系由大约368个基金，84个公共养老金和266个私人养老金组成。1996～2005年，养老基金资产的实际增长率为47%，超过同期GDP的21%。①

巴西的双层次社会养老保险制度由三部分构成，即普通社会保障制度（Regime Geral da Previdencia Social，RGPS）、公职人员养老保险制度（Regimenes Propios de Prevision Social，RPPS）以及补充养老保险（Regime de Previdencia Complementar，RPC）。其中，第一层由普通社会保障制度和公职人员养老保险制度构成，第二层是补充养老保险。

普通社会保障制度是一项基于现收现付制的、强制性的社会保障制度，由巴西财政部社会保障司制定的，并由巴西国家社会保障局实施，该制度的参保人包括了城镇职工、农村居民、独立工人等几乎所有的社会成员，所有社会成员均可以在16岁参保。普通社会保障制度的筹资来源有：工薪税（雇主缴费及雇员缴费）、消费税收入，若养老金出现缺口时，中央财政转移支付则会及时介入。对于城镇职工来说，领取养老金的年龄为男性65岁、女性60岁。但是，只要男性职工连续缴费满35年、女性职工连续缴费满30年，该职工即可在任何年龄领取养老金，无须达到退休年龄。

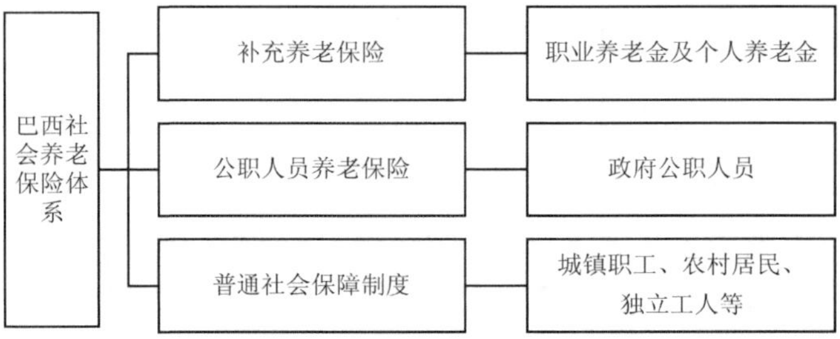

图6.1　巴西社会养老保险体系

资料来源：作者根据巴西养老局网站资料整理。

公职人员养老保险制度参保人是所有政府公职人员，由联邦、州和市政府负责管理。与普通社会保障制度一样，公职人员养老保险参保人也需要根据本人工资的一定比例缴费，退休后能领到与其退休前工资几乎相等的养老金。但是由于公职人员养老

① Giselle Datz：《Brazil's Pension Fund Developmentalism》，《*Competition & Change*》，2013年第2期。

保险计划高达2000个，因此每个政府部门的公职人员缴费率都不同。2003年，巴西政府对公职人员养老保险制度进行改革，旨在为了建立和城镇职工及农村居民统一的社会养老保险，减少三者之间养老金待遇的差距。改革后，公职人员与城镇职工和农村居民一样，只能领到社会保障体系下相等的福利上限。此外，巴西政府还为公职人员建立了公务员年金系统，公职人员和雇主（政府单位）需要向公务年金缴纳公职人员工资8.5%的费用，旨在保障公务员在制度改革后获得原有的福利。

第二层次的补充养老保险包括职业养老金和个人养老金。补充养老保险是参保人自愿参与的，由养老基金公司和保险公司运营。起初参与补充养老保险的参保人主要是跨国公司的职员，在2001年后，巴西政府为了鼓励更多的人参与补充养老保险，逐渐对补充养老保险制度进行改革和创新，越来越多的公职人员、中小企业职业也自愿地参与补充养老保险计划。

二、巴西农村社会养老保险制度的建立

巴西农村社会养老保险制度，又称农村养老金（Previdencia Rural，PR），是建立于1991年的一种普惠制的、非缴费型社会养老保险制度。

1945年，随着巴西社会保障体系的建立，政府首次尝试将广大农村居民纳入巴西社会保障体系当中。然而，因为财力有限，未能建立普及城乡的社会保障体系。1955年，政府再次尝试将社会养老保险制度延伸至农村地区，并且由城镇工业集团参与，来保障农村居民的有效参保。1963年，巴西首次在农村地区引入了非缴费型养老保险，建立了农村工人法规（FAPTR），为农村居民发放有限的社会保险，包括残疾补助、养老金、幸存者补贴、产妇补贴、医疗保险以及丧葬补贴，资金来自农业产品销售收入。然而，由于资金筹集来源有限，该制度很快面临困境，将原有的补助项目缩减至仅剩医疗保险。

1971年，政府大大提高了农村社会养老保险的养老金待遇，向所有65岁以上的农业家庭户主提供等价于最低工资的1/2的养老金。1991年，政府建立了新的农村社会养老保险制度，将参保资格从农业家庭户主放宽至所有农村居民。但是，这种农村社会养老保险制度是基于家计调查式的，即需要农民向政府提交从事农业的相关证明，经审核后方可参保。第一，参保人必须是居住在农村地区，并且以个人或者家庭为单位进行农务劳作。第二，参保人的配偶及16岁以下的后代也可以被认定为参保人。此外，1991年的改革还提高了农村社会养老保险的待遇，从原有的最低工资的1/2提升至最低工资全额。农村社会养老保险制度规定参保人领取养老金的年龄为男性60岁和女性55岁。2018年，巴西农村社会养老保险计划领取待遇人数占全国60岁以上人数

的27%，每人每月领取的养老金为300美元，养老金待遇占人均收入的33.3%。巴西农村社会养老保险制度保障了以个人或者家庭为单位从事农业劳务的农村居民得到了与城镇职工相等的待遇。

三、巴西农村社会养老保险制度对我国的启示

巴西是拉美地区福利水平较高的国家，其社会保障制度覆盖率很高，并且建立了多层次的统筹城乡社会养老保险制度。

（一）非缴费型养老保险是农村社会养老保险的重要支柱

巴西对农村居民提供的非缴费型养老保险的养老金甚至与城镇职工获得的养老金一样，农村居民能在60岁以后领取300美元/人/月的养老金，其平均替代率高达70%，其替代率水平甚至高于60%的欧盟国家的平均水平。2018年，巴西农村社会养老保险非缴费型养老金支出约占巴西GDP总量的1%，在拉美地区排名前列。

我国农村社会养老保险基础养老金也属于非缴费型养老保险，但是现行的基础养老金待遇很难满足“保基本”的基本原则，基础养老金缺乏“保基本”的正常调整机制和量化指标，导致基础养老金替代率很低，经常被农民称为“零花钱”。要实现社会养老保险的城乡统筹，提高农村社会养老保险的基础养老金是关键。

（二）提高农村社会养老保险统筹层次，由中央政府统筹管理

巴西的农村社会养老保险制度与我国城乡居民养老保险制度非常类似，都是一种非缴费型的养老保险制度。虽然巴西要求农民连续缴纳10年农业税才能有资格领取养老金，但是这一政策从未实施过；我国城乡居民养老保险制度规定个人缴费满15年即可在60岁后领取基础养老金和个人账户养老金。巴西向所有农村居民提供每月300美元的养老金，并且没有地域上的差别。反观我国，由于农村社会养老保险制度统筹层次低，几乎每个省的基础养老金都不同，个人缴费的财政补贴额度也因地域而有所区别，这种“地区割裂”所带来的农村社会养老保险制度公平性问题亟待解决。

（三）对个人账户基金实行多元化的投资运营

根据表6.1的数据，巴西个人账户基金投资渠道既包含稳健的固定收益投资，也包含风险收益率高的其他投资渠道，如房地产等。2004～2009年，巴西个人账户基金投资主要有4种渠道，其中固定收益投资占比最大，占每年总投资额的60%；此外，巴西从2010年开始引入结构性投资①和境外投资，将原有的4种投资渠道扩充至

① 结构投资是指由新兴公司债券及房地产基金组合成的投资结构。

6 种。

表 6.1　巴西个人账户基金投资运营渠道（单位：%）

项目	2004	2005	2006	2007	2008	2009	2010	2011
固定收益投资	60.5	60.9	59.8	57	64.8	59.3	59.8	61
可变收益投资	30.1	30.7	32.8	36.7	28	33.3	32.5	30.1
结构投资	0	0	0	0	0	0	2	2.3
境外投资	0	0	0	0	0	0	0.1	0.1
房地产	4.5	4	3.3	2.6	3.1	3	3	3.6
其他	4	4.4	4.1	3.7	4.2	4.5	2.7	3

数据来源：Giselle Datz：《Brazil's Pension Fund Developmentalism》，《*Competition & Change*》，2013 年第 2 期。

对于我国的个人账户基金来说，可以采用稳健且多元化的投资组合，如将 50%～60%的个人账户基金用于稳健的固定收益投资，对于剩下的 40%～50%可采用多元化的投资运营方式，提高个人账户的总体收益率。

第三节　智利非缴费型养老金制度的建立与启示

一、智利社会养老保险体系概述

智利的养老金改革背景与改革方向与我国十分类似。在私有化的养老保险体系养老金待遇下降、管理成本上升、财政负担不断加重的情况下，智利国会于 2008 年通过养老金法案，开始逐步建立多层次养老保障体系。因此，智利在原有的私有化养老保险的“第一层次”基础上，插入了非缴费型养老保险的“第零层次”。

智利早在 20 世纪 80 年代就引入了私有化的养老保险体系，是拉美地区最早引入私有化养老保险体系的国家。在当时，私有化养老保险体系减缓了智利严重的财政压力问题，但是私有化的养老保险体系是一种完全累积制个人账户养老金模式，缺少了现收现付制下社会再分配功能，无法发挥社会养老保险共济的功能，也很难实现社会养老保险制度的全覆盖。同时，在智利私有化养老金体系运行过程中遇到了资金筹集、覆盖率及资金监管上的许多问题，带来许多不公平的现象。因此，近 20 年来，智利采用引入非缴费型养老保险来对私有化的养老保险体系进行改革，加强对农村居民和贫困人口的保护。

事实上，1981年智利养老金私有化改革就引入了两类非缴费型养老金，一是基于家计调查的救助养老金（Pension Asistencial，PASIS），二是低保养老金，详情见表6.2。其中，救助养老金面向的是70岁以上的老年贫困人群，主要是面向收入最低的2/5贫困人口，目标是减少智利的极端老年贫困情况，因此建立了较为严格的家计调查机制，需要对居住条件、参保人的学历、就业情况以及收入情况进行审查。截止至智利对非缴费型养老保险改革的2008年，救助养老金的给付达到每人每月110美元。低保养老金主要是面向私营养老保险计划下缴费满20年，且个人账户养老金给付低于最低标准的参保人，因此，低保养老金实际上是私营养老金计划的补充养老金。截止至2008年，低保养老金的给付达到每人每月222美元。

表6.2　2008年前智利非缴费型养老保险类别

非缴费型养老保险类别	面向人群	是否基于家计调查	养老金给付
救助养老金	70岁以上的老年贫困人群	是	110美元/人/月
低保养老金	个人账户养老金低于最低给付标准的参保人	否	222美元/人/月

数据来源：房连泉：《智利养老保障改革新动向》，《中国社会保障》，2007年第3期。

在智利私有化养老金体系下，由于参保人缴费积极性不高，能够连续缴费满20年的参保人较少，因此低保养老金的实际覆盖率不高。在2005年，个人账户养老金给付低于最低标准的参保人占总参保人的50%，但是能够满足连续缴费满20年的参保人仅占10%，剩下的40%的参保人只能领取很低的个人账户养老金，且无法领取低保养老金。

在2008年，智利对现有的非缴费型养老保险制度进行整合改革，将1981年建立的救助养老金和低保养老金整合为团结养老金（Sistema de Pensiones Solidarias）。团结养老金分为基础团结养老金（Pension Basica Solidaria，PBS）和老年团结养老金（Aporte Previsional Solidario，APS）。其中基础团结养老金基于家计调查，参保人65岁以上、未参加私营养老金计划的群体，政府需要对参保人的住房、收入、就业等情况进行审查；老年团结养老金面向有个人账户但个人账户养老金给付低于最低水平养老金的老年人。新的团结养老金由智利社会保障局负责实施，养老金监管局予以监管。基础团结养老金和老年团结养老金并未造成智利养老保险制度“碎片化”，相反，团结养老金通过这样合理的设计很好地实现了社会养老保险的统筹。基础团结养老金向特定人群发放基础养老金，老年团结养老金以补充养老金的形式向那些个人账户养老金不足的参保人支付养老金。

二、智利非缴费型养老保险制度体系

智利通过建立非缴费型的团结养老金制度，建立了三层次的养老保险体系。其中第一层次是以团结养老金为主的非缴费型养老金，第二层次是以私营养老金为主的强制个人储蓄型养老保险，第三层次是自愿储蓄型养老保险。

（一）团结养老金

团结养老金由基础团结养老金和老年团结养老金组成。根据基础团结养老金调查资格的规定，参加基础团结养老金的参保人必须满足以下四个条件：一是年满 65 岁；二是在智利居住年满 20 年，且近五年必须在智利连续居住；三是家庭收入低于国家收入贫困标准的 60%；四是未参加其他任何养老金计划。基础团结养老金的给付标准根据智利 CPI 及逆行调整，2012 年基础团结养老金每月给付为 168 美元/人，2021 年 1 月份基础团结养老金每月给付为 224 美元/人。[①]

而老年团结养老金是面向已参加私营养老金的参保人，但由于参保年限较短或者账户累计养老金较低等原因，个人账户养老金达不到一定标准，老年团结养老金则会发放一笔养老金，补充个人账户养老金的缺口。其计算公式如 6.1：

$$APS=\begin{cases}PBS+\left(1-\dfrac{PBS}{PMAS}\right)\times PB-\sum pension\ received\ ,\ if\ PB<PBS\\ PBS-\dfrac{PBS}{PMAS}\times PB\ ,\ if\ PB\geqslant PBS\end{cases}\tag{6.1}$$

其中，PBS 是指基础团结养老金，PB 是指老年团结养老金参保人个人养老金，$PMAS$ 是指团结养老金上限，该上限每年根据国内 CPI 进行调整。

（二）团结养老金运行情况

智利的团结养老金有两个基础性质：一是托底性，即所有老年人，无论是否参加私营养老保险计划，都能够领到一份基础养老金；二是激励性，即参保人能够获得缴费补贴。2009 年团结养老金启动之时，若个人账户缴费为零，即可获得 145 美元的团结养老金；随着个人账户养老金的逐渐增加，团结养老金给付逐渐减少，直至个人账户养老金达到 492 美元时，团结养老金降为零。因此，智利的非缴费型养老保险和个人账户是紧密结合的，当个人账户养老金越多，政府发放的团结养老金越少。详见表 6.3。

① 智利养老金监管局网站，www. safp. cl.

表 6.3　2009 年智利团结养老金给付标准（单位：美元）

个人账户养老金	团结养老金	养老金总额
0	145	145
97	117	214
193	88	281
290	60	350
386	31	417
492	0	492

数据来源：Supnerintendency of Pensions：The Chilean Pension System 2010，2010，p24。

表 6.4 列出了智利实施团结养老金前三年的养老金额度及贫困人口覆盖率。2012 年，团结养老金对贫困人口的覆盖率达到 60%，养老金最高可达到 482 美元。

表 6.4　团结养老金最高限额及贫困人口覆盖率

时间	最高团结养老金（美元）	贫困人口覆盖率（%）
2008 年 7 月～2009 年 6 月	132	40
2009 年 7 月～2009 年 8 月	226	45
2009 年 9 月～2010 年 6 月	283	50
2010 年 7 月～2011 年 6 月	378	55
2011 年 7 月以后	482	60

数据来源：Supnerintendency of Pensions：The Chilean Pension System 2010，2010，p25。

在 2018 年皮涅拉总统上台后，对智利的养老保险体系进行了新一轮的改革，改革内容如下：一是提高团结养老金的预算支出，总支出由 GDP 的 0.8%提升至 1.12%；二是推进养老金性别平等化，为女性提供更高的个人账户缴费补贴；三是重新构造中产阶级的养老保险体系；四是开始实施延迟退休方案。

三、智利非缴费型养老保险制度对我国的启示

（一）以个人养老金为主，利用非缴费型养老保险弥补养老金不足

智利的个人私营账户养老金建立要早于团结养老金，当个人账户养老金无法满足参保人日常生活需要的时候，团结养老金可以及时介入，补充满足参保人日常生活需要的养老金缺口，未参加任何私营养老保险的老人则可以领取基础团结养老金。这种制度设计不仅能够保证所有人都能领取到最低养老金，又可以提高参保人个人账户缴

费的积极性，同时也不会为财政造成重大“转轨”成本。

智利非缴费型养老保险具有“递减性”，即个人账户养老金达到一定保障效果后，参保人获得的非缴费型养老保险会逐渐减少，这样的制度设计很好地做到了参保人缴费积极性以及非缴费型养老金财政负担的平衡。此外，智利非缴费型养老保险在实施过程中并没有产生“碎片化”的现象。这种制度设计将有个人账户的参保人和没有个人账户的参保人容纳到一个框架内，通过不同的基础养老金区分对待，强调缴费型养老保险与非缴费型养老保险制度的统筹发展。

（二）扩大财政对非缴费型养老保险的支出

从智利 2008 年引入团结养老金来看，智利养老金改革最重要的支撑是国家财力支持，加大对低收入人群和弱势群体的转移支付。随着智利养老金改革不断深入，未来智利财政用于支付非缴费型养老金的支出将会越来越多。其中，财政支出的主要内容包括：一是非缴费型的团结养老金的支出，二是对包括妇女、残障人士等弱势群体的缴费激励支出。但是由于在现收现付制下，越来越多的“老人”不断退出，未来这一部分财政支出可能会减少。

（三）建立养老金储备体系

根据智利政府的预测，智利财政对私营养老金系统支出的最高峰将在 2030 年左右，主要原因有两个：第一，智利的人口老龄化将会不断加深，根据拉丁美洲经济委员会的预测，2030 年智利人口老龄化率将达到 17.2%，比巴西的 13.7%还要高；第二，智利的个人账户养老金体系始于 1981 年，从 2020 年开始将会有大量的老龄人口领取养老金，由于一些参保人缴费不积极导致个人账户养老金较少，这将会造成团结养老金的大量支出，造成一定的财政负担。

由于有色金属产业是智利的支柱产业，铜矿销售收入占政府总收入的 10%以上。2006 年，智利政府开始建立养老金储备体系，收入主要来源于智利的有色金属矿产收入。此外，政府还颁布了《财政责任法》，规定财政每年必须拨付 GDP 的 0.2%～0.5%的资金进入养老金储备体系。2018 年智利 GDP 为 2787.98 亿美元，2018 年 3 月，智利养老金储备体系基金总资产达到 101.2 亿美元，占 GDP 的比例为 3.63%，其中有 82%来自财政转移支付。该基金自 2017 年起开始负责团结养老金的给付，并且最少能够支付 4 年的养老金，这不仅为智利养老金体系打下坚实的基础，也为未来智利养老保险体系改革提供足够的资金支持。

第七章　统筹城乡社会养老保险制度的可行性分析

第一节　农村居民人口规模预测

一、农村居民人口规模预测模型的前提假设

（1）本书仅预测全国农村人口，未按照省级或者地市级层次来预测全国农村人口。

（2）本书将人口变动的因素设定为：时间变量、新生儿数量、人口死亡率以及人口的“乡—城”迁移过程，未将其他影响人口的因素考虑进来。

（3）本书不考虑人口的跨国流动。

（4）本书假定在预测期内不会发生重大自然灾害、战争等影响我国人口数量及人口结构的重大事件。

（5）在我国城镇化进程下，本书仅假定我国人口仅存在“乡—城”人口迁移，不发生“城—乡”人口迁移。

（6）假定中国城镇化的进程决定了农村向城镇的人口迁移速度，即城镇化率的增长能表示农村向城镇的人口迁移速度。

二、生命表的生成

在精算学和人口学当中，生命表（又名死亡率表或者生命精算表）是一种能显示各个年龄死亡人数的表格。在精算学中，根据不同的预测对象和数据类型，生命表被分为国民生命表和经验生命表。国民生命表是特定人群在一定时间内的死亡率，国民生命表被用来预测特定人群在整个生命周期内的总体死亡率，政府部门往往利用人

口普查的数据编制国民生命表。经验生命表是根据保险公司人寿险业务参保人的死亡率编制而成。生命表在人口预测、人口理论研究和公共政策制定等方面发挥着重要作用。

国民生命表又被分为完整生命表和简易生命表。完整生命表示根据人口普查资料，分别计算 1～100 岁的每个年龄的生存率、死亡率、平均寿命和余下寿命等数据计算而成。而简易生命表是在完整生命表的基础上，分年龄段计算而成。完整生命表又被分为男性生命表、女性生命表和混合生命表。其中，混合生命表的分年龄死亡率是由男性人口死亡率及女性人口死亡率根据人口数量加权计算而来。

（一）生命表的变量及其概念

年龄 X：表示从 X 岁到 $X+1$ 岁的一个年龄区间。

存活人数 l_x：表示进入到 X 岁这一年龄的初始人数。

死亡人数 d_x：指生命表上 X 岁的死亡人数。

死亡概率 q_x：表示存活到 X 岁的人在下一个年龄段死亡的可能性。

平均生存人年数L_x：表示 X 岁年龄组的人平均存活的时间长度。

平均生存人年数积累T_x：表示进入 X 岁这一年龄的初始人数在未来可能存活的时间总长。

平均预期余命e_x：表示进入 X 岁这一年龄的初始人数在未来可能存活的平均时间长度。

（二）生命表函数模型设定

本书以全国第六次人口普查中分年龄段的死亡率为依据，在对异常年份的死亡率进行修正以及死亡率曲线进行平滑处理的基础上编制生成生命表。

每个年龄分段的死亡率 m_x 计算公式为 7.1：

$$m_x = \frac{D_x}{P_x} \tag{7.1}$$

其中，D_x 是指 X 岁人口的死亡人数；P_x 是指 X 岁人口的实际平均人口数。

每个年龄段死亡概率 q_x 计算公式为 7.2：

$$q_x = \frac{2\,m_x}{(2+m_x)} \tag{7.2}$$

上式是基于死亡水平在年龄组中的平均分布假设做出的。在最高年龄组，令 $q_x=1$。

确定人口基础，这里假定 $l_0=1000000$。

计算表上死亡人数 d_x 计算公式为 7.3：

$$d_x = l_x \times q_x \tag{7.3}$$

$x+1$ 岁存活人数 l_{x+1} 的计算公式为 7.4：

$$l_{x+1}=l_x+d_x \tag{7.4}$$

平均生存人年数 L_x 的计算公式为 7.5：

$$L_x=(l_x+l_{x+1})\div 2 \tag{7.5}$$

平均生存人年数积累 T_x 的计算公式为 7.6：

$$T_x=\sum L_x \tag{7.6}$$

平均预期余命 e_x 的计算公式为 7.7：

$$e_x=\frac{T_x}{l_x} \tag{7.7}$$

根据以上生命表生成公式，利用全国第六次人口普查的数据，生成农村居民国民生命表，包括男女混合及分性别的国民生命表。

三、农村居民人口预测模型设定

0 岁以上人口变动主要受死亡和迁移两方面因素的影响。假设 T 年 X 岁男性和女性的死亡率分别为 $q^1_{T,x}$ 和 $q^2_{T,x}$，T 年 X 岁男性和女性的净迁出率分别为 $e^1_{T,x}$ 和 $e^2_{T,x}$，则 $T+1$ 年 $X+1$ 岁的男性和女性人口数分别为 $N^1_{T+1,x+1}$ 和 $N^2_{T+1,x+1}$，具体公式分别为 7.8 和 7.9：

$$N^1_{T+1,x+1}=N^1_{T,x}\ (1-q^1_{T,x})\ (1-e^1_{T,x}) \tag{7.8}$$

$$N^2_{T+1,x+1}=N^2_{T,x}\ (1-q^2_{T,x})\ (1-e^2_{T,x}) \tag{7.9}$$

在公式 7.8 和 7.9 中，上标 1、2 分别代表男性和女性，通过式 7.8 和 7.9 可以预测出每年中国农村的男性和女性的人口数量。

在对未来农村人口进行预测时，需要对初期人口、死亡率、生育率、迁移率等基础数据和模型参数进行设定。

第一，农村期初人口数据，见表 7.1。由于全国第六次人口普查数据生成于 2010 年，在 2010 年，全国共有 6.63 亿农村居民，其中男性 3.39 亿人，女性 3.24 亿人，性别比为 104.63∶100；2019 年我国共有 5.52 亿农村居民，其中男性 2.82 亿，女性 2.7 亿，性别比为 104.44∶100。在农村居民人口总数方面有明显的下降趋势，2019 年比 2010 年降幅超 1 亿人；但从性别比来看，自第六次人口普查以来，农村人口性别比几乎无变化。因此，本书农村期初人口数据将采用《中国人口与就业统计年鉴 2019》的数据。

表 7.1　2010 年及 2019 年农村居民人口及性别比

年份	农村居民人口（亿）	男性农村居民人口（亿）	女性农村居民人口（亿）	性别比
2010	6.63	3.39	3.24	104.63∶100
2019	5.52	2.82	2.7	104.44∶100

数据来源：历年《中国人口与就业统计年鉴》。

第二，分年龄段死亡率。本书使用第六次人口普查的数据，按每 5 岁划分人群，将人群分为 0 岁、1～4 岁、5～9 岁等。

第三，城镇化率。随着城镇化的不断推进，我国城镇人口将会逐年上涨，而农村人口则会逐年下降。以刘昌平（2008）和邓大松（2010）利用 Logistic 模型对我国城镇化率进行了预测，他们发现除了 1958 年至 1961 年自然灾害年份之外，其他正常年份的真实值基本与预测值相符合，因此得到公式 7.10：

$$U_t = \frac{1}{1 + 8.271711 e^{-0.031577 \times t}} \tag{7.10}$$

本书通过对比公式 7.10 和联合国人口司报告《World Urbanization Prospects 2018》时发现，联合国人口司报告的预测值更符合我国城镇化率的真实值。因此，本书将采用联合国人口司报告的预测值设定我国城镇化率，见图 7.1。

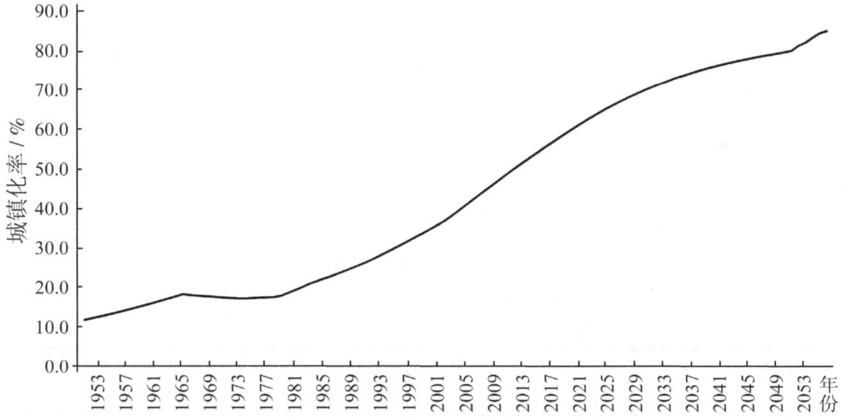

图 7.1　未来我国城镇化率

数据来源：联合国人口司报告《World Urbanization Prospects 2018》。

四、农村居民人口预测数据

根据上文对各个参数的设定值及附录，能够预测我国 2020 年至 2055 年农村人口。文内只显示 16～59 岁及 60 岁以上农村居民人口数量，数据见表 7.2。

表 7.2　未来我国农村居民人口总数（单位：亿人）

年份	农村居民人口数量		年份	农村居民人口数量	
	16～59 岁	60 岁以上		16～59 岁	60 岁以上
2020	3.71	0.99	2038	2.95	0.97
2021	3.65	0.98	2039	2.92	0.96
2022	3.60	1.01	2040	2.89	0.97
2023	3.55	1.02	2041	2.86	0.97
2024	3.50	1.01	2042	2.83	0.97
2025	3.45	1.01	2043	2.80	0.97
2026	3.41	1.01	2044	2.78	0.97
2027	3.36	1.00	2045	2.75	0.98
2028	3.32	1.01	2046	2.73	0.98
2029	3.28	1.00	2047	2.70	0.99
2030	3.24	1.00	2048	2.67	0.98
2031	3.20	0.99	2049	2.65	0.99
2032	3.16	0.99	2050	2.63	0.99
2033	3.12	0.99	2051	2.61	0.98
2034	3.08	0.99	2052	2.58	0.97
2035	3.05	0.98	2053	2.56	0.97
2036	3.01	0.98	2054	2.53	0.96
2037	2.98	0.97	2055	2.49	0.95

数据来源：作者根据附录和人口预测模型测算。

为了更直观地看出未来我国农村人口变化趋势，将表 7.2 绘制成图 7.2。在未来的 35 年内，我国农村居民人口总量呈逐渐减少的趋势。其中，16～59 岁的农村居民人口数量降幅明显，主要是受到城镇化及“乡—城”人口迁移的影响；而 60 岁以上的农村居民人口数量较为稳定。

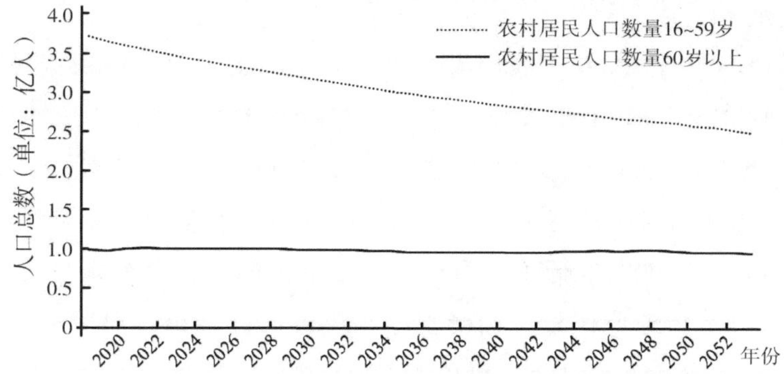

图 7.2　未来我国农村居民人口总量变化趋势

数据来源：由表 7.2 中未来我国农村居民人口总数绘制而成。

第二节　统筹城乡社会养老保险基础养老金测算

一、未来农村居民人均可支配收入预测

根据《中国统计年鉴 2020》的数据，2019 年我国农村居民人均可支配收入为 16678.2 元，比上年增长 14.1%。图 7.3 表示我国 1978 年至 2019 年农村居民人均可支配收入及同时期我国农村居民人均可支配收入的增长率。从图 7.3 可以看出，我国农村居民人均可支配收入自改革开放以来稳定上涨，年涨幅最大为 1994 年的 32.49%，近五年我国农村居民人均可支配收入年增长率均超过 8%，增速快于城镇居民人均可支配收入。

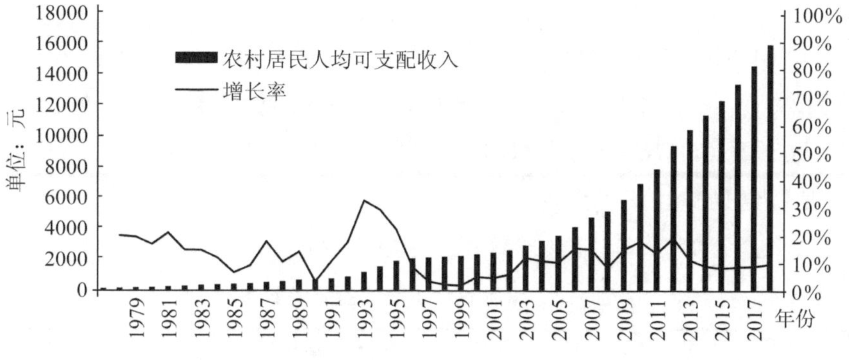

图 7.3　1978～2019 年我国农村居民人均可支配收入（单位：元）及增长率

数据来源：1978～2020 年《中国统计年鉴》。

本书将根据 1978 年至 2019 年城镇居民人均可支配收入的数据，借鉴薛惠元（2012）的方法，利用 *ARMA* 时间序列模型，对 2020 年至 2055 年农村居民人均可支

配收入进行预测。

首先，对1978年至2019年我国农村居民人均可支配收入的数据做平稳性检验，本书选择单位根检验中的ADF（增广迪基—富勒检验）检验。从图7.3可以看出，1979年至2019年我国农村居民人均可支配收入具有明显的上涨趋势，所以在单位根检验中选取带有常数项和时间趋势的检验方法，结果显示没有拒绝原假设。因此，对变量进行一阶差分，然后再次进行单位根检验，结果仍然没有拒绝原假设。对变量进行二阶差分，结果显示拒绝原假设，接受不存在单位根的结论，即变量序列是平稳的。因此，可以确定 *INCOME* 序列是二阶单整序列，即 *INCOME*～*I*（2）。

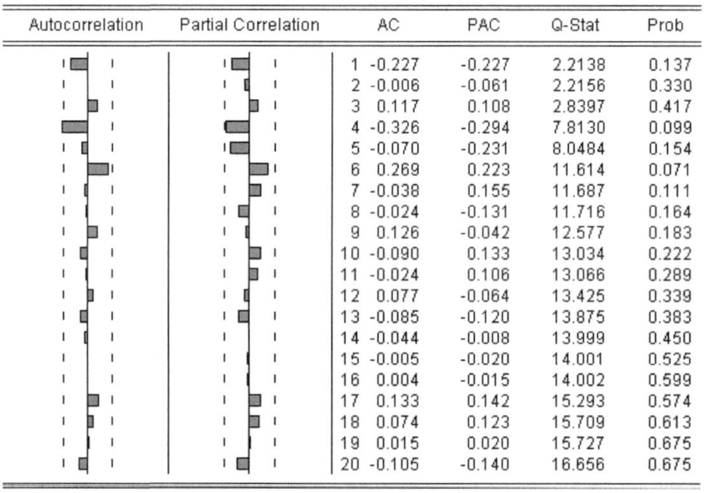

图7.4　回归方程残差序列相关图及 *Q* 统计量

数据来源：1978～2019年我国农村居民人均可支配收入平稳性检验。

变量 $\Delta^2 INCOME$ 序列的自相关函数、偏自相关函数与 *Q* 统计量在5%的显著性水平下，通过 *Q* 统计量容易验证 $\Delta^2 INCOME$ 序列本身就接近一个白噪声，因此采用 *MA*（0）模型：$\Delta^2 INCOME = \varepsilon_i$。对时间序列 *MA*（0）模型进行估计，具体如表7.3示，得到的回归结果其展开式为：

$$\Delta^2 INCOME = 2INCOME_{t-1} - INCOME_{t-2} + 93.1691 + \varepsilon_i \qquad (7.11)$$

表7.3　参数估计值与模型检验结果

参数估计	模型检验结果					
C	*F*—*statistic*	Adj R^2	*Likelihood*	*D.W.*	*AIC*	*SC*
93.1691***	113.497***	0.000	—20.184	1.588	9.015	2.588
(19.021)	(0.000)					

数据来源：作者根据1978～2020年《中国统计年鉴》内农村居民人均可支配收入计算及整理。

二、不同替代率下基础养老金需求测算

根据国发〔2014〕8号文提出的“国家根据经济发展和物价变动等情况，适时调整全国基础养老金最低标准”。该文件指明了两点概念：一是基础养老金需要根据经济发展和物价变动等情况进行调整；二是需要对基础养老金进行“适时”调整。本书将基础养老金调整的依据设定为农村居民人均可支配收入，能够更准确地发放足额的养老金。

关于基础养老金替代率的确定，需要坚持适度原则。基础养老金替代率过低则无法保证农村居民的基本生活，基础养老金替代率过高则会给财政带来压力。因此，需要对不同替代率下基础养老金的财政负担进行测算，以保证统筹城乡社会养老保险保障效果。根据郑秉文（2019）的研究，其将农村居民人均可支配收入为基准的最低基础养老金替代率设定为15%，因此，本书将分别测算基础养老金替代率在15%、30%及45%的情形下，基础养老金给付所需的财政资金。

在上文分别测算了未来我国农村地区60岁以上人口以及未来我国农村地区人均可支配收入之后，通过对基础养老金替代率赋值，可以测算在不同基础养老金替代率下财政负担，财政支出$Expenditure_t$的测算公式如：

$$Expenditure_t = P_t \times (Income_t \times S_i) \tag{7.12}$$

其中，t为时间变量，表示2020～2055年；$Expenditure_t$是指第t年的基础养老金所需财政资金；P_t是指第t年60岁以上农村居民人口数；$Income_t$是指第t年的农村居民人均可支配收入；S_i表示替代率，分别取值为15%、30%及45%，测算结果如图7.5。

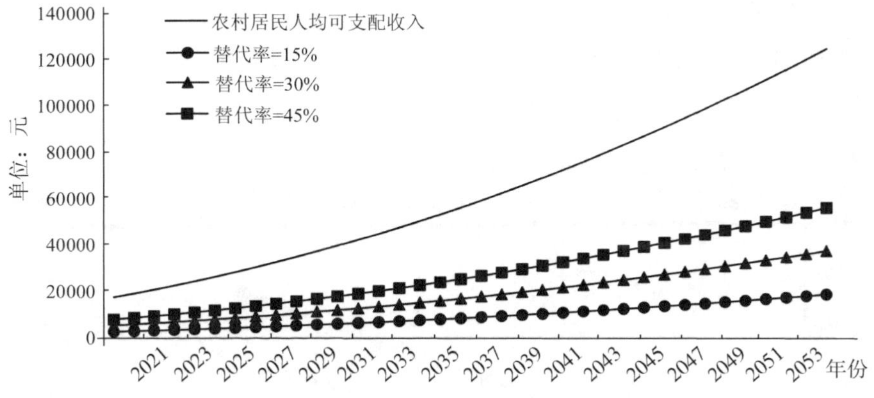

图7.5　不同替代率下的每位农村居民基础养老金支出

数据来源：根据未来农村人均可支配收入及不同替代率情景下计算得出。

在未来35年内，随着我国农村居民人均可支配收入的上涨，在不同替代率下的基础养老金支出也在上涨。在2020年，我国农村居民人均可支配收入为17512.09元，

在15%、30%和45%的替代率下的基础养老金支出分别为2626.81元/年、5253.63元/年和7880.44元/年，即每位60岁以上的农村居民可得到的月基础养老金分别为218元、436元和657元。

随着我国农村居民人均可支配收入的上涨，不同替代率下的养老金支出的差距也在不断拉大。2037年，我国农村居民人均可支配收入为56282.12元，在15%、30%和45%的替代率下的基础养老金支出分别为8442.32元/年、16884.64元/年和25326.95元/年，即每位60岁以上的农村居民可得到的月基础养老金分别为703元、1407元和2110元；2055年，我国农村居民人均可支配收入为124954.77元，在15%、30%和45%的替代率下的基础养老金支出分别为18743.22元/年、37486.43元/年和56229.65元/年，即每位60岁以上的农村居民可得到的月基础养老金分别为1561元、3123元和4685元。

三、不同替代率下基础养老金财政支出测算

根据上文的测算，已经得到了2020年至2055年我国农村居民人均可支配收入以及每位农村居民在15%、30%及45%替代率下所需的基础养老金。根据表7.2的未来农村居民人口数据，可以测算出未来在15%、30%及45%替代率基础养老金所需的财政资金，测算结果如图7.6。

在基础养老金替代率为15%的情况下，2020年我国60岁以上农村居民共有0.99亿人，在每位农村60岁以上居民能够获得2626.81元/年基础养老金的情况下，所需财政资金2600.55亿元；2037年我国60岁以上农村居民共有0.97亿人，在每位农村60岁以上居民能够获得8442.32元/年基础养老金的情况下，所需财政资金8189.05亿元；2055年我国60岁以上农村居民共有0.95亿人，在每位农村60岁以上居民能够获得18742.22元/年基础养老金的情况下，所需财政资金17806.06亿元。

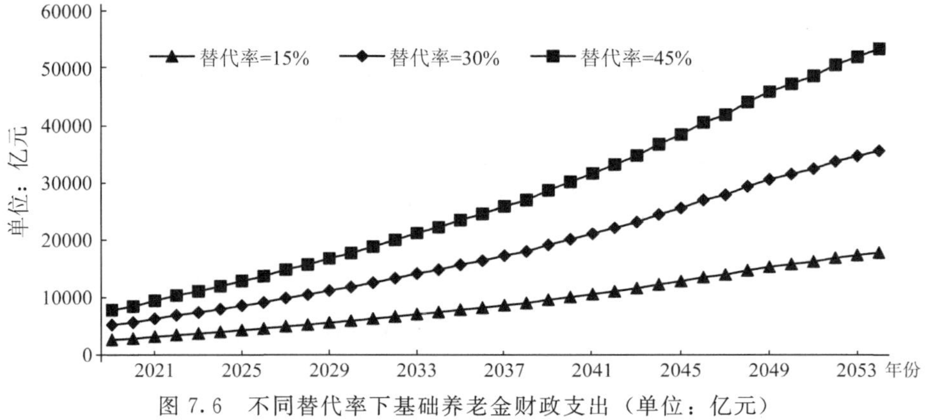

图7.6 不同替代率下基础养老金财政支出（单位：亿元）

数据来源：根据不同替代率下的每位农民基础养老金支出及未来我国农村人口计算得出。

在基础养老金替代率为30%的情况下，2020年我国60岁以上农村居民共有0.99亿人，在每位农村60岁以上居民能够获得5253.63元/年基础养老金的情况下，所需财政资金5201.09亿元；2037年我国60岁以上农村居民共有0.97亿人，在每位农村60岁以上居民能够获得16884.64元/年基础养老金的情况下，所需财政资金16378.10亿元；2055年我国60岁以上农村居民共有0.95亿人，在每位农村60岁以上居民能够获得37486.435元/年基础养老金的情况下，所需财政资金35612.11亿元。

在基础养老金替代率为45%的情况下，2020年我国60岁以上农村居民共有0.99亿人，在每位农村60岁以上居民能够获得7880.44元/年基础养老金的情况下，所需财政资金为7801.64亿元；2037年我国60岁以上农村居民共有0.97亿人，在每位农村60岁以上居民能够获得25326.95元/年基础养老金的情况下，所需财政资金24567.14亿元；2055年我国60岁以上农村居民共有0.95亿人，在每位农村60岁以上居民能够获得56229.65元/年基础养老金的情况下，所需财政资金53418.17亿元。

四、未来我国财政收入测算

根据邓大松等（2018）、刘昌平和刘威（2019）的方法，通过测算基础养老金支出与我国财政收入的比值，能够得到我国基础养老金的财政负担。因此，这里将对未来我国财政收入进行预测。

（一）未来我国财政收入总量测算

我国2019年全国财政总量为19.04万亿，其中中央财政收入8.93万亿，地方财政收入为10.11万亿；分地区来看，东部地区地方财政收入为6.07万亿，中西部地区地方财政收入为4.04万亿。

财政收入的发展趋势具有不确定性，因此精确预测财政收入规模需要充分考虑经济发展水平、生产技术水平、产业结构调整、财税分配制度乃至人口的规模、结构变化等复杂因素，预测难度较大。考虑到未来财政收入的精确值并不会对本书的研究结论带来实质性的影响，本书将借鉴薛惠元（2012）、刘昌平和刘威（2019）的方法对其进行测算，他认为经济发展水平是财政收入水平的决定性因素，而GDP是经济发展的代表性指标，因此财政收入水平主要由GDP来决定。

首先，根据1978～2019年我国财政收入数据和GDP数据绘制出财政收入与GDP散点图，见图7.7。

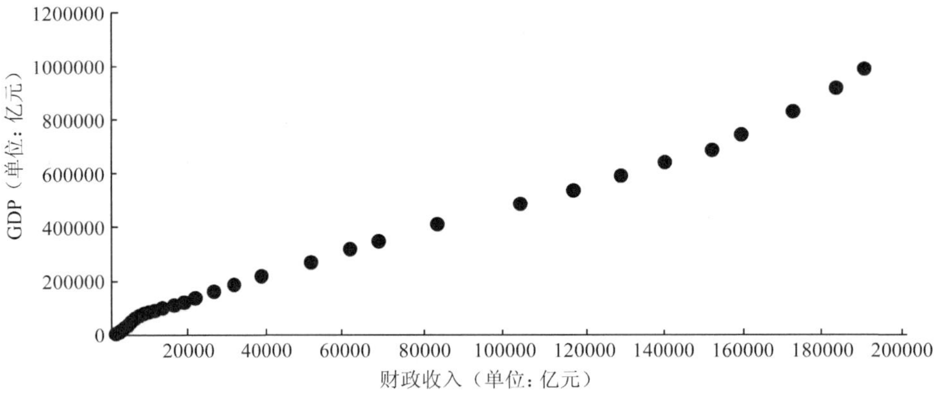

图 7.7　1978～2019 年中国财政收入数据和 GDP 数据散点图

数据来源：1978～2020 年《中国统计年鉴》。

从图 7.7 可知，我国 GDP 与财政收入存在明显的线性关系，财政收入随着 GDP 的上涨而增加。在图 7.7 中，1995 年以后的斜率有明显的增加，这主要是因为我国 1994 年开始分税制改革，中央财政收入总量有明显的提升；此外，由于我国自 1994 年开始实施“金税工程”项目，这使得我国税收征管能力有显著提升。因此，中央财政收入占 GDP 比重有所上升。由于财税体制改革引起财政收入水平的变化，因此这次仅对 1995 年以来的 GDP 总量和财政收入水平进行回归，可得到如下结果：

$$\begin{cases} Revenue = -10335.7 + 0.2549 \times GDP \\ S.E. = (597.4948)(0.0101) \\ t = (-23.4984)(158.5588) \\ R^2 = 0.9988, F = 21467.4979 \\ Significance\ F = 2.97E-29 \end{cases} \tag{7.13}$$

从回归结果看，模型的拟合效果较好，可决系数为 0.9988。因此，本书选择该模型作为我国未来财政收入预测的模型。

根据刘昌平和刘威（2019）的方法，采取将 2021～2030 年我国 GDP 均增长率设定为 5.5%，2031～2040 年的 GDP 的增长率为 4.3%，2041～2050 年 GDP 的增长率为 3.5%。这样可以得到 2020～2055 年 GDP 总量的预测数据，如图 7.8。

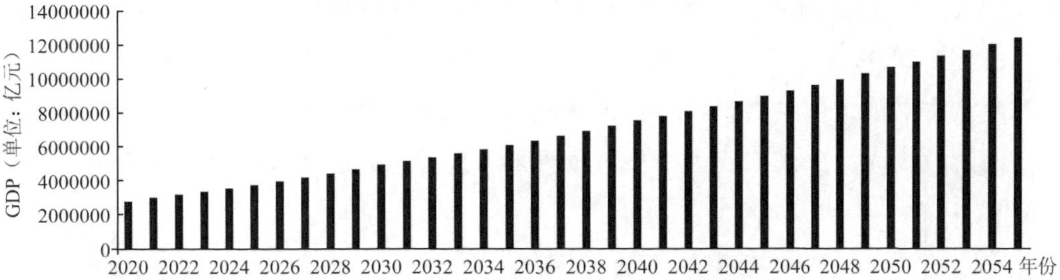

图 7.8　2020～2055 年 GDP 预测

数据来源：根据上文参数设定值计算而成。

根据公式 7.13 所示的财政收入和 GDP 的回归方程，可以得到 2020 年至 2055 年整个预测期的财政收入总量数据，见图 7.9。

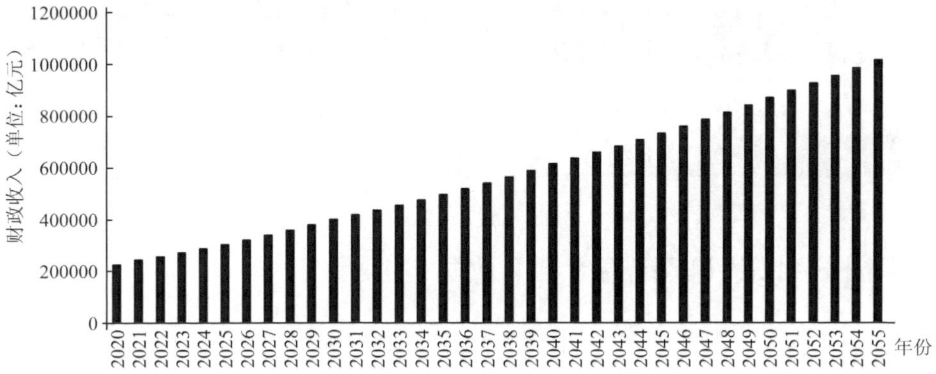

图 7.9　2020～2050 年财政收入总量

数据来源：作者根据历年《中国统计年鉴》，得到回归方程 7.13 计算而成。

（二）中央和地方财政收入预测

薛惠元（2012）将 1978～2010 年我国中央和地方财政收入比重绘制成图形发现：1994 年分税制改革之前，地方财政收入规模远远高于中央财政收入，一些年份中央财政收入不及地方财政收入的一半；但 1994 年分税制改革后，中央财政收入总量迅猛上升，二者比值约为 1.11∶1。财政分权是市场经济发展的必然趋势，因此，在其研究中，假定我国中央与地方财政收入比重分别为 52.3%和 47.7%，二者比值为 1.11∶1。

然而，结合 2001～2019 年中央和地方财政收入数据发现，尽管二者在规模上同样表现出增长的趋势，但是中央财政收入占我国财政收入总量的比重逐步下降。

2011 年，地方财政收入所占比重首次超过中央财政收入，此后中央财政收入所占比重持续下降。在 2012 年至 2019 年，中央财政收入与地方财政收入的比值分别为：0.92、0.87、0.84、0.83、0.83、0.88、0.87 和 0.88。2019 年，中央财政收入为

89309.47亿元，地方财政收入为101080.61亿元，中央财政收入占比为47%，地方财政收入占比达到53%。

因此，本书设定中央财政收入与地方财政收入之比为1∶1.1，并结合上文预测的未来我国财政收入得到未来我国中央财政收入和地方财政收入，结果如图7.10。

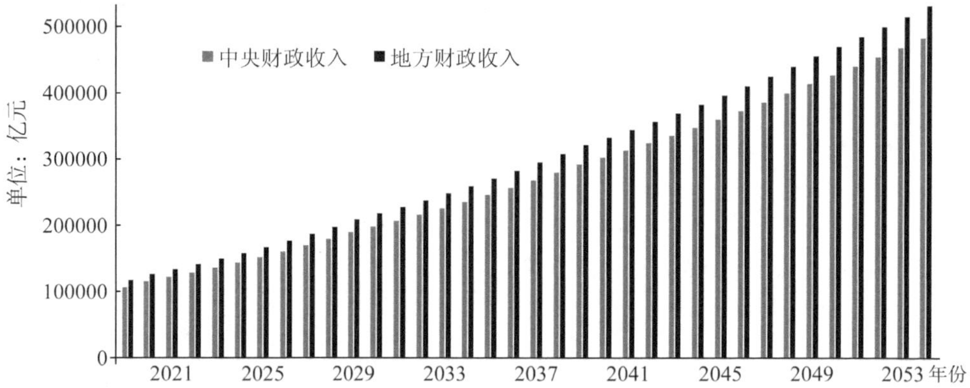

图7.10　未来我国中央财政收入和地方财政收入

数据来源：根据图7.9的数据及上文比例设定值计算而成。

五、不同替代率下基础养老金财政负担分析

根据上文对2020年至2055年不同替代率下基础养老金所需财政资金的测算和对未来我国中央财政收入的测算，通过对基础养老金所需财政资金和中央财政收入的比较可以得出不同替代率下基础养老金的财政负担。

在替代率为15%的情况下，基础养老金发放所需资金占中央财政收入的比例较小，在模型设定的时间范围内，财政负担为2.44%～3.68%。其中，2020年基础养老金发放总额为2600.55亿元，占同年中央财政收入的2.44%；2037年基础养老金发放总额为8189.05亿元，占同年中央财政收入的3.19%；2055年基础养老金发放总额为17806.06亿元，占同年中央财政收入的3.68%。

在替代率为30%的情况下，基础养老金发放所需资金占中央财政收入的比例较高，在模型设定的时间范围内，财政负担为4.88%～7.37%。其中，2020年基础养老金发放总额为5201.39亿元，占同年中央财政收入的4.88%；2037年基础养老金发放总额为16378.10亿元，占同年中央财政收入的6.37%；2055年基础养老金发放总额为35612.11亿元，占同年中央财政收入的7.37%。

在替代率为45%的情况下，基础养老金发放所需资金占中央财政收入的比例过高，在模型设定的时间范围内，财政负担为7.32%～11.05%。其中，2020年基础养老金

发放总额为 7801.64 亿元，占同年中央财政收入的 7.32％；2037 年基础养老金发放总额为 24567.14 亿元，占同年中央财政收入的 9.56％；2055 年基础养老金发放总额为 53418.17 亿元，占同年中央财政收入的 11.05％。

综上所述，将统筹城乡社会养老保险制度基础养老金替代率设定为 30％较为合理，既能保障农村居民的基本生活，也不会对财政造成太大的负担。

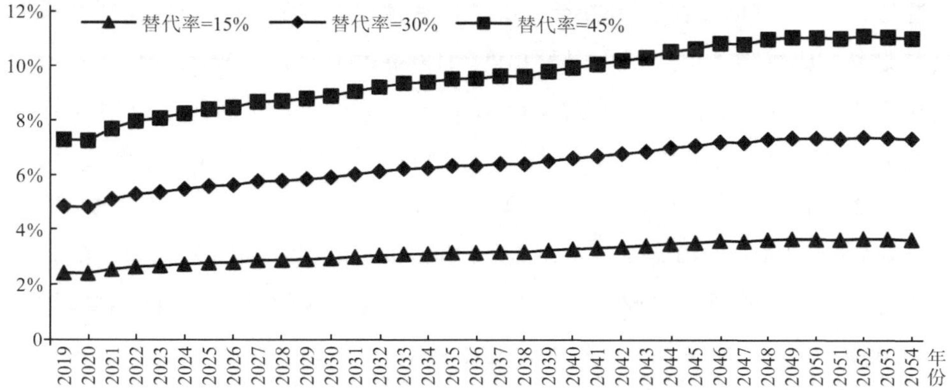

图 7.11　不同替代率下基础养老金支出的财政负担

数据来源：根据图 7.6 及图 7.10 的数据计算而成。

第三节　统筹城乡社会养老保险个人缴费率测算

一、农村居民个人最大缴费能力评估

从理论上来看，农村居民人均可支配收入可以用来两个方面，一方面用于当期的消费，另一方面用于未来的储蓄。目前我国农村社会养老保险制度个人账户记账利率是银行一年期存款基准利率，根据生命周期消费理论，农村居民将收入存入银行与存入社会养老保险的个人账户有共通之处。因此，用居民的当期可支配收入减去当期的消费后的全部余额来测算居民最大缴费能力，可以在很大程度上反映农民的缴费能力。因此，本书定义农村居民最大缴费能力为公式 7.14：

$$\text{农村居民最大缴费能力} = \frac{(\text{农村居民人均可支配收入} - \text{农村居民人均消费支出})}{\text{农村居民人均可支配收入}} \tag{7.14}$$

根据农村居民最大缴费能力的定义，得出其公式 7.15：

$$M_i = \frac{(I_i - C_i)}{I_i} \times 100\% \tag{7.15}$$

其中，M 表示居民最大缴费能力，I 表示农村居民人均可支配收入，C 表示农村居民人均消费支出，i 表示 31 个省、市、自治区。其中，农村居民人均消费包括食品、衣着、居住、生活用品、交通通信、教育文化娱乐、医疗保健和其他支出，这些支出项目基本上涵盖了所有农村居民基本生活需要。根据生命周期消费理论（$I-C$）表示农村居民在当期消费完以后用来储蓄的钱。

通过公式 7.15 可以测算我国各省、市、自治区农村居民年人均可支配余额及个人最大缴费能力。从表 7.4 中数据可以看出，2019 年我国农村居民人均可支配收入平均值为 16678.2 元，农村居民人均消费支出为 13575.8 元，农村居民人均可支配余额为 3102.4 元，个人最大缴费能力为 16.87%。从农村居民人均可支配余额来看，内蒙古、黑龙江、安徽、湖北、湖南、广东、广西、重庆、四川、贵州、云南、陕西、甘肃、青海、宁夏低于全国平均值；个人最大缴费能力低于 10%的省份有：内蒙古、安徽、湖北、湖南、广东、四川、贵州、甘肃、青海。值得一提的是，甘肃的农村居民人均可支配余额及个人最大缴费能力是负数，这意味着在 2019 年，甘肃农村居民的人均可支配收入无法满足农村居民人均消费支出。

表 7.4　2019 年各地区农村居民个人最大缴费能力

地区	农村居民人均可支配收入（元）	农村居民人均消费支出（元）	农村居民人均可支配余额（元）	个人最大缴费能力
各地均值	16678.2	13575.8	3102.4	16.87%
北京	28928.4	21881	7047.4	24.36%
天津	24804.1	17843.3	6960.8	28.06%
河北	15373.1	12372	3001.1	19.52%
山西	12902.4	9728.4	3174	24.60%
内蒙古	15282.8	13816	1466.8	9.60%
辽宁	16108.3	12030.2	4078.1	25.32%
吉林	14936	11456.6	3479.4	23.30%
黑龙江	14982.1	12494.9	2487.2	16.60%
上海	33195.2	22448.9	10746.3	32.37%
江苏	22675.4	17715.9	4959.5	21.87%
浙江	29875.8	21351.7	8524.1	28.53%
安徽	15416	14545.8	870.2	5.64%
福建	19568.4	16281.4	3287	16.80%
江西	15796.3	12496.7	3299.6	20.89%

续表

地区	农村居民人均可支配收入（元）	农村居民人均消费支出（元）	农村居民人均可支配余额（元）	个人最大缴费能力
山东	17775.5	12308.9	5466.6	30.75%
河南	15163.7	11546	3617.7	23.86%
湖北	16390.9	15328	1062.9	6.48%
湖南	15394.8	13968.8	1426	9.26%
广东	18818.4	16949.4	1869	9.93%
广西	13675.7	12045	1630.7	11.92%
海南	15113.1	12417.5	2695.6	17.84%
重庆	15133.3	13112.1	2021.2	13.36%
四川	14670.1	14055.6	614.5	4.19%
贵州	10756.3	10221.7	534.6	4.97%
云南	11902.4	10260.2	1642.2	13.80%
西藏	12951	8417.9	4533.1	35.00%
陕西	12325.7	10934.7	1391	11.29%
甘肃	9628.9	9694	−65.1	−0.68%
青海	11499.4	11343.1	156.3	1.36%
宁夏	12858.4	11464.6	1393.8	10.84%
新疆	13121.7	10318.4	2803.3	21.36%

数据来源：《中国农村统计年鉴 2020》。

二、统筹城乡社会养老保险个人缴费档次设置

（一）各地区缴费档次与农村居民个人最大缴费能力的比较

根据《国务院关于建立统一的城乡居民基本养老保险制度的意见》①，农村社会养老保险个人账户缴费档次目前设为 200 元～2000 元共 11 个缴费档次，参保人可根据自身情况自主选择缴费档次。将城乡居民养老保险的最低缴费档次和最高缴费档次分别除以各地区农村居民人均可支配收入，可以得到农村居民个人最低缴费率和个人最高缴费率。从图 7.12 可以看出，2019 年我国农村居民人均可支配收入为 16678.2 元，个人最大缴费能力可以满足最高缴费档次（2000 元/人/年）支出，最低档（200 元/人/

① 详见国发〔2014〕8 号。

年）个人缴费档次占全国农村居民人均可支配收入的比例为 1.2%，最高档个人缴费档次占全国农村居民人均可支配收入的比例为 12%。

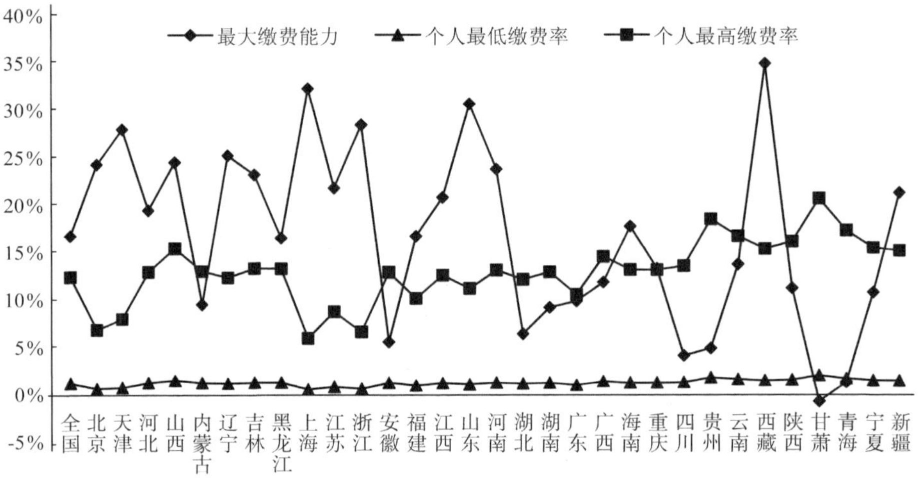

图 7.12　各地区个人最大缴费能力与个人最低、最高缴费率的比较

数据来源：根据表 7.4 及国发〔2014〕8 号文规定的个人最高、最低缴费档次计算而成。

分地区来看，按最低缴费档次来计算，除了甘肃之外，全国各省、市、自治区的农村居民均可以负担个人账户最低缴费档次，这是因为甘肃农村居民人均可支配余额为－65.1 元；而个人最大缴费能力低于个人账户最高缴费档次的省、市、自治区有 13 个，分别为：内蒙古、安徽、湖北、湖南、广东、广西、四川、贵州、云南、陕西、甘肃、青海、宁夏。

综上所述，分地区来看，目前我国农村居民个人缴费能力均大于城乡居民养老保险个人账户最低缴费档次设置（甘肃省除外）；对于上述的 13 个个人最大缴费能力低于个人账户最高缴费档次的省、市、自治区来说，农村居民无法选择最高的缴费档次，只能选择低于 2000 元/人/年的缴费档次。因此，本书将借鉴邓大松（2010）的方法，对个人缴费账户实行比例制缴费，缴费基数为上一年度全国农村居民人均可支配收入。考虑到我国各地区经济发展水平的差异，各地方政府可以在以全国农村居民人均可支配收入为缴费基数的基础上进行调整。

（二）个人缴费档次比例设置

在邓大松（2010）的研究中，他建议将农村个人缴费比例设置为 2%、4%、6%、8%、10%，缴费基数为上一年度全国农村居民人均可支配收入。因此，这里将分别测算在 2%、4%、6%、8%、10%的比例下的全国各地区农村居民缴费能力。

由于农村居民个人最大缴费能力是由农村居民人均可支配余额与农村居民人均可

支配收入的比值测算得来，因此这里只需比较在不同缴费比例下个人最大缴费能力与缴费比例的差值即可。

从表7.5中数据可以看出，在缴费档次为农村居民人均可支配收入的2%情况下，全国范围内只有甘肃及青海的农村居民无法负担最低缴费档次；在缴费档次为农村居民人均可支配收入的4%情况下，仍然仅有甘肃及青海的农村居民无法负担该缴费档次；在缴费档次为农村居民人均可支配收入的6%情况下，除了甘肃和青海外，安徽、四川及贵州的农村居民也无法负担该缴费档次；在缴费档次为农村居民人均可支配收入的8%情况下，除了上述五个省份外，湖北的农村居民也无法负担该缴费档次；在缴费档次为农村居民人均可支配收入的10%情况下，除了上述六个省份外，内蒙古、湖南、广东的农村居民也无法负担该缴费档次。

表7.5　各地区比例缴费制占农村居民人均可支配收入的比重

地区	缴费比例=2%	缴费比例=4%	缴费比例=6%	缴费比例=8%	缴费比例=10%
各地均值	14.87%	12.87%	10.87%	8.87%	6.87%
北京	22.36%	20.36%	18.36%	16.36%	14.36%
天津	26.06%	24.06%	22.06%	20.06%	18.06%
河北	17.52%	15.52%	13.52%	11.52%	9.52%
山西	22.60%	20.60%	18.60%	16.60%	14.60%
内蒙古	7.60%	5.60%	3.60%	1.60%	−0.40%
辽宁	23.32%	21.32%	19.32%	17.32%	15.32%
吉林	21.30%	19.30%	17.30%	15.30%	13.30%
黑龙江	14.60%	12.60%	10.60%	8.60%	6.60%
上海	30.37%	28.37%	26.37%	24.37%	22.37%
江苏	19.87%	17.87%	15.87%	13.87%	11.87%
浙江	26.53%	24.53%	22.53%	20.53%	18.53%
安徽	3.64%	1.64%	−0.36%	−2.36%	−4.36%
福建	14.80%	12.80%	10.80%	8.80%	6.80%
江西	18.89%	16.89%	14.89%	12.89%	10.89%
山东	28.75%	26.75%	24.75%	22.75%	20.75%
河南	21.86%	19.86%	17.86%	15.86%	13.86%
湖北	4.48%	2.48%	0.48%	−1.52%	−3.52%
湖南	7.26%	5.26%	3.26%	1.26%	−0.74%
广东	7.93%	5.93%	3.93%	1.93%	−0.07%

续表

地区	缴费比例=2%	缴费比例=4%	缴费比例=6%	缴费比例=8%	缴费比例=10%
广西	9.92%	7.92%	5.92%	3.92%	1.92%
海南	15.84%	13.84%	11.84%	9.84%	7.84%
重庆	11.36%	9.36%	7.36%	5.36%	3.36%
四川	2.19%	0.19%	−1.81%	−3.81%	−5.81%
贵州	2.97%	0.97%	−1.03%	−3.03%	−5.03%
云南	11.80%	9.80%	7.80%	5.80%	3.80%
西藏	33.00%	31.00%	29.00%	27.00%	25.00%
陕西	9.29%	7.29%	5.29%	3.29%	1.29%
甘肃	−2.68%	−4.68%	−6.68%	−8.68%	−10.68%
青海	−0.64%	−2.64%	−4.64%	−6.64%	−8.64%
宁夏	8.84%	6.84%	4.84%	2.84%	0.84%
新疆	19.36%	17.36%	15.36%	13.36%	11.36%

数据来源：作者根据《中国统计年鉴 2020》计算及整理。

综上所述，在最低缴费档次下，全国范围内仅有两个省的农村居民无法负担该缴费档次；在最高缴费档次下，全国有 9 个省份的农村居民无法负担该缴费档次。下面将分别对不同缴费档次下，统筹城乡社会养老保险个人账户建立精算模型，测算个人账户的替代率。

三、统筹城乡社会养老保险个人账户替代率测算

（一）基本假设

（1）假设统筹城乡社会养老保险制度实施的基准年为 2019 年。

（2）假设农村居民在每年年初选择缴费档次向个人账户缴费，在参保期间内保持缴费档次不变，并且连续缴费至 60 岁，忽略参保人退保或者中途死亡等不确定因素。国家每年根据上一年度农村居民人均可支配收入的 2%、4%、6%、8%、10%对缴费金额进行调整。

（3）由于集体补助甚少，这里忽略个人账户集体补助缴费。

（4）假定农村居民在 60 岁后在每年年初领取个人账户养老金。

（二）精算模型

根据以上假设，本书将农村居民个人账户基金累计总额 P 设定为：

$$P = C_t \sum_{i=1}^{b-a} (1+g)^{b-a-i} (1+r)^i + T \times \sum_{k=1}^{b-a} (1+r)^k \tag{7.16}$$

其中 $C_t = INCOME_t \times \partial_{\Delta}$

农村居民在年满 60 岁后领取养老金时个人账户总额现值 Q 为：

$$Q = P_2 \sum_{j=0}^{m-1} \frac{1}{(1+r)^j} \tag{7.17}$$

根据保险精算平衡原理，有 $P=Q$，则有：

$$P_2 = \frac{C_t \sum_{i=1}^{b-a} (1+g)^{b-a-i} (1+r)^i + T \times \sum_{k=1}^{b-a} (1+r)^k}{\sum_{j=0}^{m-1} \frac{1}{(1+r)^j}} \tag{7.18}$$

其中，a 表示农村居民参保年龄，b 表示农村居民开始领取养老金的年龄。C_t 表示缴费标准，T 表示财政补贴，r 表示个人账户养老金投资收益率，P_2 表示个人账户养老金年领取额，m 表示农村居民个人账户养老金计发年限，g 表示农村居民人均可支配收入增长率。$INCOME_t$ 表示第 t 年农村居民人均可支配收入，∂_{Δ} 表示个人账户缴费比例设置，分别取值 2%、4%、6%、8%、10%。

（三）基本参数设定

（1）开始缴费年龄与领取养老金年龄。本书根据国发〔2014〕8 号文的规定，将农村居民开始缴费年龄设定为 16 岁，领取养老金年龄设定为 60 岁。

（2）个人缴费标准与财政补贴标准。个人账户缴费档次为国家每年根据上一年度农村居民人均可支配收入的 2%、4%、6%、8%、10%。由于起始年份是 2019 年，则农村居民人均可支配收入的 2%、4%、6%、8%、10%分别为：320 元、640 元、961 元、1281 元、1602 元。财政补贴标准按照现行的标准，即每人补贴 30 元。

（3）农村居民人均可支配收入。根据邓大松（2010）和薛惠元（2014）的研究，本书将农村居民人均可支配收入增长率设定为 5.5%。

（4）个人账户养老金计发年限。根据国发〔2014〕8 号文的规定，个人账户养老金月计发标准为个人账户存储额除以 139，因此本书将个人账户养老金计发年限 m 设定为 11.6。

（5）个人账户的投资收益率。目前我国城乡居民养老保险个人账户投资收益率参照银行同期存款利率。按照成熟的经济实践，金融机构法定存款利率不高于 5%，本书参考邓大松（2010）的研究，将个人账户记账利率设定为 3%和 4%。

（四）实证结果分析

根据表 7.6 的数据，当起始缴费率为 2%的时候，个人账户养老金替代率较低；随着缴费档次的提高，个人账户养老金替代率逐步提高。当起始缴费率为 10％的时候，各年龄层的参保人的个人账户养老金替代率最高。若参保人在 16 岁开始参保，并且一直选择最高缴费档次进行缴费，在年满 60 岁后，个人账户养老金替代率高达 53.70％。

表 7.6　比例缴费制下个人账户养老金替代率（$r=3\%$）

a	$\partial_{\triangle}=2\%$	$\partial_{\triangle}=4\%$	$\partial_{\triangle}=6\%$	$\partial_{\triangle}=8\%$	$\partial_{\triangle}=10\%$	a	$\partial_{\triangle}=2\%$	$\partial_{\triangle}=4\%$	$\partial_{\triangle}=6\%$	$\partial_{\triangle}=8\%$	$\partial_{\triangle}=10\%$
16	30.32	36.68	41.40	47.21	53.70	38	28.29	32.53	35.15	38.87	43.25
17	30.25	36.54	41.18	46.93	53.34	39	28.16	32.28	34.77	38.37	42.62
18	30.18	36.39	40.96	46.63	52.97	40	28.02	32.02	34.38	37.85	41.98
19	30.11	36.25	40.74	46.33	52.59	41	27.88	31.75	33.98	37.32	41.31
20	30.04	36.09	40.51	46.02	52.21	42	27.74	31.47	33.57	36.77	40.63
21	29.97	35.94	40.27	45.71	51.81	43	27.59	31.18	33.15	36.21	39.94
22	29.89	35.78	40.03	45.05	51.40	44	27.44	30.89	32.71	35.63	39.22
23	29.81	35.62	39.78	44.70	50.98	45	27.28	30.59	32.27	35.04	38.49
24	29.73	35.45	39.53	44.35	50.55	46	27.12	30.28	31.81	34.44	37.74
25	29.64	35.27	39.26	43.99	50.11	47	26.95	29.96	31.34	33.81	36.96
26	29.56	35.10	38.99	43.62	49.66	48	26.77	29.63	30.85	33.18	36.17
27	29.47	34.91	38.72	43.62	49.20	49	26.59	29.29	30.35	32.52	35.35
28	29.38	34.73	38.43	43.24	48.72	50	26.40	28.94	29.84	31.84	34.52
29	29.19	34.53	38.15	42.83	47.64	51	26.11	28.11	29.30	31.15	33.66
30	29.09	33.50	37.83	42.44	47.14	52	25.91	27.75	28.76	30.44	32.78
31	28.99	33.30	37.53	42.03	46.62	53	25.7	27.37	28.20	29.71	31.87
32	28.89	33.09	37.21	41.61	46.10	54	25.48	26.99	27.63	28.96	30.94
33	28.78	32.88	36.89	40.17	45.56	55	25.26	26.60	27.04	28.19	29.99
34	28.67	32.65	36.56	40.73	45.01	56	25.03	26.19	26.44	27.39	29.01
35	28.55	32.43	36.22	39.28	44.44	57	24.79	25.77	25.81	26.58	28.00
36	28.44	32.19	35.87	39.81	43.86	58	24.54	25.34	25.17	25.74	26.97
37	28.31	31.95	35.51	39.33	43.26	59	24.28	24.89	24.51	24.88	25.90

数据来源：作者根据公式 7.18 及参数设定值计算及整理。

以上分析是基于个人账户基金投资收益率为 3％的假设前提下。如果个人账户基金投资收益率提升至 4％时，在其他前提条件不变的情况下，个人账户养老金替代率测算结果如表 7.7。当个人账户基金投资收益率为 4％的时候，无论参保人选择何种档次进行缴费，个人账户养老金替代率均有提升。由此可见，个人账户基金投资收益率越高，其替代率水平也越高。为了提高个人账户替代率，应当提高个人账户基金统筹层次，在适当的情况下进行投资运营。

表 7.7　比例缴费制下个人账户养老金替代率（$r=4\%$）

a	$\partial_{\Delta}=2\%$	$\partial_{\Delta}=4\%$	$\partial_{\Delta}=6\%$	$\partial_{\Delta}=8\%$	$\partial_{\Delta}=10\%$	a	$\partial_{\Delta}=2\%$	$\partial_{\Delta}=4\%$	$\partial_{\Delta}=6\%$	$\partial_{\Delta}=8\%$	$\partial_{\Delta}=10\%$
16	37.12	45.39	51.66	58.94	66.21	38	34.06	38.31	42.56	46.80	51.05
17	37.00	45.16	51.31	58.47	65.62	39	33.89	37.98	42.06	46.15	50.23
18	36.89	44.92	50.96	57.99	65.03	40	33.72	37.64	41.56	45.48	49.40
19	36.77	44.69	50.60	57.51	64.43	41	33.54	37.29	41.05	44.80	48.56
20	36.65	44.44	50.23	57.02	63.82	42	33.35	36.94	40.53	44.11	47.70
21	36.53	44.20	49.86	56.53	63.19	43	33.16	36.58	39.99	43.41	46.83
22	36.41	43.95	49.48	56.02	62.56	44	32.97	36.21	39.46	42.70	45.94
23	36.28	43.69	49.10	55.51	61.92	45	32.78	35.84	38.91	41.97	45.04
24	36.15	43.43	48.71	54.99	61.27	46	32.57	35.46	38.35	41.24	44.12
25	36.02	43.17	48.32	54.47	60.61	47	32.37	35.08	37.78	40.49	43.19
26	35.89	42.90	47.91	53.93	59.94	48	32.16	34.68	37.20	39.73	42.25
27	34.94	40.68	46.56	52.44	58.31	49	30.99	33.33	35.67	38.00	40.34
28	34.80	40.40	46.14	51.88	57.62	50	30.77	32.92	35.07	37.21	39.36
29	34.66	40.12	45.72	51.32	56.92	51	30.55	32.50	34.46	36.41	38.37
30	34.52	39.83	45.29	50.75	56.21	52	30.32	32.08	33.84	35.60	37.36
31	34.38	39.54	44.86	50.17	55.49	53	30.08	31.64	33.21	34.77	36.33
32	34.23	39.25	44.42	49.58	54.75	54	29.84	31.20	32.56	33.93	35.29
33	34.08	38.95	43.97	48.99	54.01	55	29.59	30.75	31.91	33.07	34.23
34	33.93	38.64	43.51	48.38	53.25	56	29.33	30.29	31.24	32.19	33.15
35	33.77	38.33	43.05	47.76	52.48	57	29.07	29.81	30.56	31.30	32.05
36	33.61	38.01	42.57	47.14	51.70	58	28.80	29.33	29.87	30.41	30.93
37	33.45	37.69	42.10	46.50	50.91	59	28.52	28.84	29.16	29.48	29.80

数据来源：作者根据公式 7.18 及参数设定值计算及整理。

第八章　统筹城乡社会养老保险制度设计思路、实施方案及政策措施

第一节　统筹城乡社会养老保险制度设计思路

一、统筹城乡社会养老保险制度建立原则

（一）公平与效率兼顾

根据公共管理理论，政府是公共服务的提供者，尤其对于我国目前的社会养老保险制度来说，政府承担的是兜底责任。随着我国人口老龄化的不断加深、农村地区老年人口贫困现象严重，政府对于改革目前“碎片化”的养老保险制度、提供公平与效率兼顾的社会养老保险肩负重大责任。社会养老保险是重要的公共产品，尤其是对于农村居民建立的农村社会养老保险来说更是如此。因此，必须做到公平和效率的有机结合。当前，随着我国工业化和城镇化地不断推进，大量农村青年进城务工，导致农村地区老龄化问题以及农村老龄人口贫困问题日趋严峻。首先，农村地区老年人消费水平较低，农村地区的物价水平也比城镇地区低，因此，农村社会养老保险不需要实现与城镇社会养老保险的“结果均等”，即为农村居民提供名义替代率下与城镇职工基本养老保险相等的养老金即可。

（二）统筹城乡发展的理念

从世界范围内来看，许多国家的发展基本经历了先城市、后农村的过程，在国家经济社会发展到一定程度时，应该考虑利用城市经济带动农村经济的发展。新中国成立以来，走过了一段以城带乡、以工带农的发展历程。时至今日，我国社会养老保险制度仍然城乡分离，农村社会养老保险的保障效果远不及城镇社会养老保险。这时，

需要国家通过建立统筹城乡的社会养老保险制度，弥补农村社会养老保险的短板，提高农村社会养老保险的保障效果。这不仅是我国体现社会主义优越性的重要途径，也是我国实现中华民族伟大复兴的题中应有之义。

（三）基本公共服务均等化的理念

基本公共服务均等化是指全体国民能享受到大体上公平的公共服务，通过机会公平、过程公平和结果公平促进人民享受公平、优质的公共服务。长期以来，我国基本公共服务不仅存在地域差别，还存在城乡差别。在社会保障领域，农村社会保障制度一直落后于城镇，具体表现为：在养老保障领域，存在农村社会养老保险制度、城镇职工基本养老保险、机关事业单位养老保险制度，三者分别在筹资模式、养老金给付、保障效果上存在制度性差别；在医疗保障领域，存在农村合作医疗保险制度、城镇职工医疗、机关事业单位公费医疗制度，三者在报销比例、筹资模式上也存在较大差距。因此，推进基本公共服务均等化，是我国建立统筹城乡的社会养老保险制度的重要原则。建设统筹城乡社会养老保险制度的重要途径是保证名义替代率下农村社会养老保险与城镇社会养老保险制度的统筹。由于农村居民收入相对较低，因此保证农村居民和城镇职工的养老金替代率相等是实现城乡基本公共服务大致均等的有效途径。

二、统筹城乡社会养老保险制度总体方向

（一）省级统筹逐步过渡到全国统筹

目前我国农村社会养老保险仍然采用的是县级统筹管理，省级补助标准偏低、县级财政压力较大是全国普遍存在的问题。例如在个人账户缴费补贴环节，省级财政只承担最低档的补贴，剩余的补贴都由县级财政承担。再加上县级财政压力大，因此很难形成“多缴多得”“长缴多得”的缴费激励机制。县级统筹机制导致的制度实施和基金管理过程中出现“碎片化”现象，容易导致农村社会养老保险缺失公平性、管理安全性弱、基金增值保值难、受地方行政干预影响等多个问题，不利于该制度健康可持续发展。

根据 2015 年国务院发布的《基本养老保险基金投资管理办法》，养老保险基金必须实现省级统筹，由省级政府将各地可投资的养老基金归集到省级社会保障专户。因此，必须加快省级统筹步伐。将分散在各市、县的个人账户基金集中到省级政府，集中管理和运营，并将省级个人账户收集至中央，实现社会养老保险制度的全国统筹。

（二）实现名义保障水平下农村社会养老保险制度的城乡统筹

在实现农村社会养老保险省级统筹的基础上，再进一步实现名义保障水平下农村

社会养老保险制度城乡统筹。目前我国城乡居民养老保险制度仅仅实现了制度上的养老保险城乡统筹，然而，无论是在制度设计、筹资模式、缴费标准、财政补贴和待遇水平等方面，农村社会养老保险与城镇社会养老保险仍然存在较大差距。我国城镇职工基本养老保险制度的基础养老金计发基数是上年度社会平均工资，养老金替代率基本维持在45%～55%；而农村社会养老保险基础养老金是定额发放，没有与农村居民人均可支配收入挂钩，养老金替代率仅有10%～15%，两者名义保障水平相去甚远。在财政补贴方面，两者差距也在逐渐拉大。职工养老保险中政府承担兜底责任，属于补缺性质的补贴；农村社会养老保险的财政补贴属于福利性质的补贴。

首先，为激发农村居民的参保积极性、提高保障水平，本书建议按照与城镇职工基本养老保险名义替代率相等的农村居民人均可支配收入比例发放基础养老金。根据上文的计算，我国中央财政均有足够的财力承担中西部省份和东部省份按照本省上年度农村居民人均可支配收入的30%计发的基础养老金。在东部省份中，除了河北、山东、辽宁和福建这四个农业人口大省地方财政负担较重之外，其他省份的地方财政均有足够的财力承担50%的基础养老金发放。本书建议按照实际情况，提高河北、山东、辽宁和福建的基础养老金中央财政负担比例，从现有的50%提升至70%～80%。

其次，政府应该充分考虑城乡居民人均收入增长情况、物价指数、基金投资运营收益、个人缴费标准与时间等因素，采取指数化调整的方式来动态确认基础养老金的发放水平，建立基础养老金发放的动态调整机制。

（三）努力提高农民收入和扩大个人账户

根据2021年中央一号文件内容，要坚决实施乡村振兴战略，确保农民收入增长继续快于城镇居民。继续加强对农村公共基础设施建设的投入，实施村村通路工程；加强对农村地区供水、供电、供气工程建设，全面巩固提升农村清洁能源建设工程；利用数字化和信息化，推动农村地区网络覆盖、移动信号（5G）覆盖、物联网与城市规划衔接；发展智慧农业，利用大数据、人工智能等技术，推动农业产业信息化的发展；在物流体系方面，要全面改造农村物流基础设施建设，坚决鼓励农产品走入城镇和电子商品进入农村，将农村生产与消费有效对接；推动农村地区冷链物流建设，建立一批产地冷链快递站。在公共服务方面，要全面提升农村教育质量，改善乡镇级学校办学条件，在保留县乡级小规模学校的情况下，在县城和中心镇区新办一批高中和职业技术学校；在农村建设产教融合学校，在精准把握农村居民创业需求和方向的前提下，发展职业技术教育和技能培训；全面提升农村医疗保障体系，提升乡镇级卫生院医疗水平，建设一批中心医院，全面推进健康乡村建设；建立农村就业服务体系，推动就业服务体系向农村地区延伸。

在实行乡村振兴战略、努力提高农村居民人均可支配收入的同时，必须健全农村社会养老保险个人账户缴费激励机制，以农村居民人均可支配收入作为缴费基数，实行比例费率制，引导参保人多缴费、长缴费。具体来说，考虑到各地经济水平和消费水平的差异，适宜选择2%、4%、6%、8%和10%共5个缴费档次。

此外，在现行的政策推行过程中，个人账户缴费补贴机制不合理，建议国家出台个人缴费财政比例补贴制度，鼓励农村居民多缴费。

（四）实现实际保障水平下农村社会养老保险制度的城乡统筹

在逐步实施名义保障水平下农村社会养老保险制度城乡统筹、提高农民收入和扩大个人账户后，农村居民与城镇职工的收入大体相等。这时，应该将农村社会养老保险制度基础养老金改为“补充型”非缴费型养老保险，打破长久以来社会养老保险制度的藩篱。

在建立“补充型”非缴费型养老保险基础养老金的过程中，可以参考智利团结养老金的制度模式。当农村居民个人账户养老金达到一定程度时，应该建立基础养老金补充机制，国家通过经济发展程度和物价水平设立养老金最低待遇标准。当参保人个人账户养老金低于养老金最低待遇标准时，国家通过“补充型”非缴费型养老金对其进行补贴，使其养老金待遇水平能够满足基本生活。

此外，在统筹城乡社会养老保险制度之下，要建立农村居民与城镇职工的养老关系转移办法。由于我国农村社会养老保险制度与城镇职工基本养老保险均采用统账结合的模式，两者在制度上具有同源性，均采用基础养老金与个人账户养老金相结合的方式。因此，在统筹城乡社会养老保险制度下，每位居民都有专门的个人账户，账户内金额可以随参保人在地区间、城乡间自由流动。在养老金给付上，国家应当考虑人口老龄化和人口高龄化问题，根据平均年龄的变化对个人账户养老金计发系数进行调整。

三、统筹城乡社会养老保险制度模式与经办管理模式

（一）多层次社会养老保险制度模式

统筹城乡社会养老保险制度的本质就是将城镇职工基本养老保险和农村社会养老保险纳入我国多层次社会养老保险制度当中。目前，在城镇地区存在企业职工基本养老保险和机关事业单位养老保险，而二者均采用统账结合制度模式，因此，可将二者合并为城镇职工养老保险。合并完成后，将现有的社会统筹部分纳入多层次

养老保险体系当中的第一层次，即居民养老保险，雇主缴费率由现有的16%～20%调整为12%～16%；将个人账户部分纳入多层次养老保险体系当中的第二层次，即强制性的个人账户，缴费率从现在的8%调整至12%～16%。这样的制度模式有两个优点：

一是我国基本养老保险企业缴费率高，过高的社保缴费负担不仅会影响企业经济活力，还会影响地方经济增长①。通过这样的制度调整，不仅可以解决企业社保缴费负担问题，还强调了个人养老责任，鼓励参保人多缴费、长缴费。

二是由于我国城镇职工基本养老保险个人账户空账率高，因此未来个人账户宜采取名义账户制（NDC），通过较高的记账利率，达到个人账户养老金的现收现付，不仅解决了我国城镇职工基本养老保险个人账户“难做实”的问题，也是提高参保人参保积极性的重要举措。

将原有的统账结合模式下单层次养老保险分离后形成双层次养老保险体系，再加上企业年金及个人商业养老保险，未来城镇职工基本养老保险将变为四层次，如图8.1。

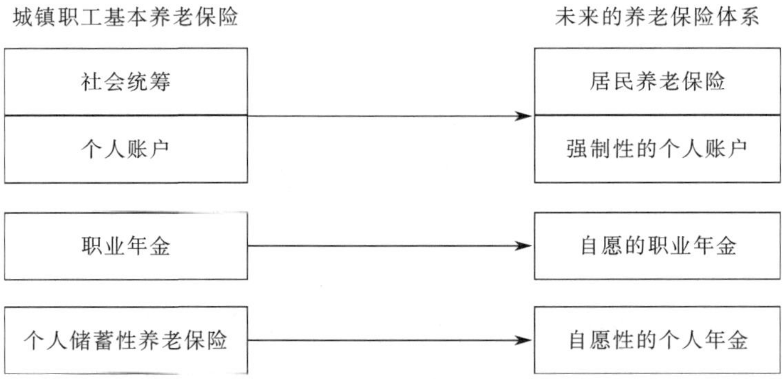

图8.1　未来城镇职工基本养老保险体系

未来农村社会养老保险体系也将转变为多层次的居民养老保险体系。将基础养老金和个人账户养老金拆分为居民养老保险和强制性的个人账户，如图8.2。根据上文测算，居民养老保险部分按照上年度农村居民人均可支配收入的35%发放基础养老金，强制性的个人账户根据上年度农村居民人均可支配收入的2%、4%、6%、8%和10%缴费。基础养老金部分体现非缴费型养老保险的公平、共济原则，个人账户养老金体现多缴多得与效率兼顾的原则。

① 唐珏等：《社保缴费负担、企业退出进入与地区经济增长—基于社保征收体制改革的证据》，《经济学动态》，2020年第6期。

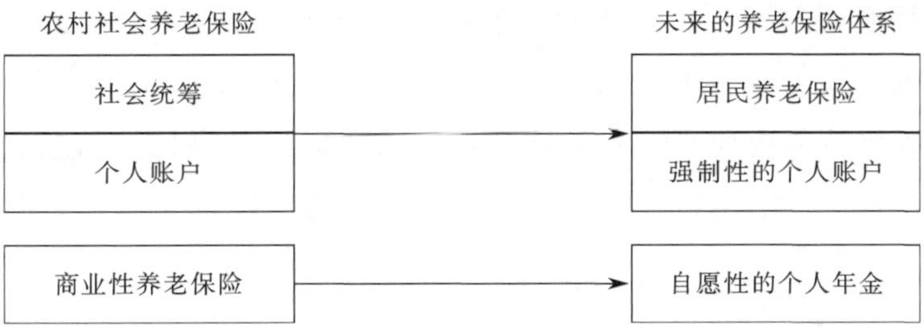

图 8.2　未来农村社会养老保险体系

（二）建立相对统一的经办管理服务模式

建立了统筹城乡的社会养老保险制度之后，应当统一社会养老保险的经办管理服务模式。在资金筹集方面，宜采用小账户与大账户相结合的方式，如图 8.3。小账户由县、乡、街道负责辖区内参保人个人账户缴费的资金筹集，资金筹集完毕后统一上交至省级政府管理的大账户内，由省级政府负责管理及投资运营。在小账户内，基层政府仅仅可以存入基金，无法取出，保证了社会养老保险基金的安全性。在大账户内，省级政府通过投资运行的方式，保证基金的保值增值。放眼世界，通过存入银行和购买政府债券对养老基金进行投资运营的国家较少[①]。本书建议在省级层面建立养老保险基金管理机构，对全省的养老保险基金进行专业化、规范化、多元化、市场化的投资运作。

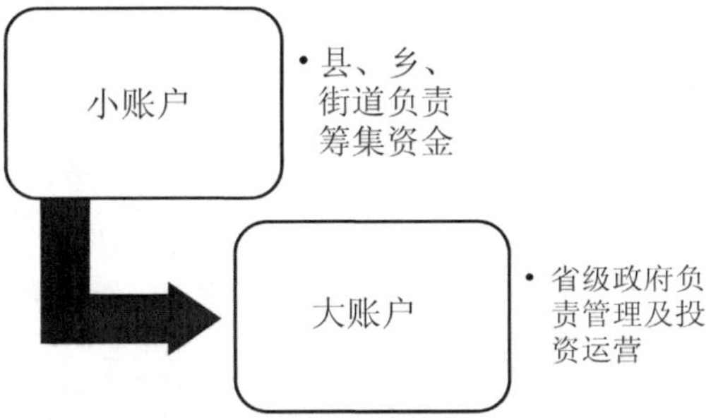

图 8.3　统筹城乡社会养老保险资金筹集模式

在对养老保险基金的监管方面，需要加大养老保险基金的征缴力度，提升运营监管能力及给付监管能力。在养老保险基金的征缴层面，需要建立以税务部门为征缴主体的模式，垂直管理的税收管理体制有利于提高基金的征缴力度和征缴效率，减少地方政府在征缴过程中的干预，保证养老保险基金征缴的强制性和完整性。在

① 李文浩等：《国内外养老保险基金运用比较分析及我国养老保险基金的投资选择》，《人口与经济》，2005年第1期。

基金的运营监管能力方面，建议在省级层面建立养老保险基金管理机构，对全省的养老保险基金进行专业化、规范化、多元化、市场化的投资运作。在给付监管能力方面，应当在省级范围内建立统一的社会保障卡，通过数字化、信息化的发放模式，将养老金发放至社会保障卡；在县、乡、街道等部门应该设立 ATM 机，方便农村居民领取养老金。

（三）统筹城乡社会养老保险保障效果设定

统筹城乡的多层次养老保险制度将我国三大社会养老保险制度：城乡居民养老保险制度、城镇职工基本养老保险制度和机关事业单位养老保险制度都纳入一个统一的制度框架内，促进农村居民、城镇职工和机关事业单位工作人员的养老保险制度的并轨。目前我国农村居民与城镇居民已实现参保机会上的形式公平，但筹资形式和缴费标准不统一、财政补贴“逆向激励”及基础养老金待遇设计不合理等阻碍了过程公平的实现。

目前我国城镇职工基本养老保险和机关事业单位养老保险统筹账户养老金是按照本企业或者单位的工资总额的一定比例缴纳，且个人账户也是根据本人月工资按照一定比例进行缴纳；而农村社会养老保险无需缴纳统筹账户的费用，仅需要按照固定的缴费档次对个人账户进行缴费。详见表 8.1。

表 8.1　我国三大社会养老保险制度筹资方式及待遇确定方式

社会养老保险制度类型	筹资方式		待遇确定方式	
	统筹账户	个人账户	基础养老金	个人账户养老金
城镇职工基本养老保险	企业工资的 12%～16	本人月缴费工资的 8%	根据社会平均工资确定	个人存储额除以计发月数
机关事业单位养老保险	本单位工资总额 20%	本人月缴费工资的 8%	根据上年度在岗职工工资水平确定	个人存储额除以计发月数
农村社会养老保险	财政出资	按固定档次缴费	由国家确定最低标准、定额发放	个人存储额除以计发月数

资料来源：作者根据社会养老保险政策整理。

目前我国农村居民养老金平均替代率远低于城镇职工养老金替代率，见表 8.2。因此，本书将统筹城乡社会养老保险制度农村居民平均替代率设定为与城镇职工基本养老保险替代率相近的 50%。

表 8.2　城镇职工与农村居民年平均养老金及平均替代率

年份	城镇职工				农村居民			
	年平均养老金（元）	在岗职工平均工资（元）	人均生活消费支出（元）	养老金平均替代率（%）	年平均养老金（元）	人均可支配收入（元）	人均生活消费支出（元）	养老金平均替代率（%）
2009	16007	32735	12264	48.8	735	5153	3505	14.2
2010	17428	37146	13471	46.8	905	5919	4381	15.2
2011	19440	42451	15160	45.8	1030	6978	5220	14.7
2012	21807	47592	16673	45.8	1055	7916	5909	13.2
2013	23852	52387	18487	45.5	1000	9431	7484	10.6
2014	26156	57360	19967	45.6	1120	10488	8382	10.6
2015	29107	63240	21391	46.0	1455	11421	9222	12.6
2016	33101	68992	23077	48.0	1435	12362	10131	11.6
2017	36016	76120	24444	47.3	1540	13431	10954	11.4

数据来源：2009～2019 年《中国统计年鉴》。

在基础养老金方面，本书探讨了在确定平均替代率水平下，统筹城乡社会养老保险基础养老金的财政负担，即分别讨论在替代率水平分别为 15%、30%和 45%下，基础养老金支出占我国中央财政的比例。经过上文测算，将农村社会养老保险基础养老金替代率设置为 30%，既能保障农村居民的基本生活，也不会为财政造成负担。

在个人账户设计方面，城镇职工基本养老保险与农村社会养老保险在筹资模式和缴费标准上存在较大差异，具体缴费水平严重失衡，且财政补贴资源逆向流动。根据上文测算，建立以农村居民人均可支配收入为基数的比例缴费制可以大大提高个人账户养老金的保障效果，提高农村居民的缴费积极性。

第二节　统筹城乡社会养老保险制度“分步走”实施方案

一、第一步：分别实现城乡社会养老保险制度的“小统筹”

建立统筹城乡社会养老保险制度是一个渐近的过程，若采取“一步到位”的方法，则会产生巨大的转轨成本和“新人”“中人”“老人”待遇不一的新问题。因此，采取“分步走”战略，既能减少养老保险城乡统筹中的阻力，还可以根据经济社会发展的发展对实施方案进行调整，提高方案的“容错率”。

第一，我国农村社会养老保险制度自建立以来就伴随着“碎片化”问题，地方政府在政策实施中留有极大的自主权，这导致农村地区存在着许多根据不同人群设立的养老保险制度，如：失地农民养老保险制度、计划生育家庭养老保险制度、村干部养老保险制度等。对于这些错综复杂、五花八门的“小碎片”，应该将其统一纳入农村社会养老保险制度。对于以上相关养老保险制度，各地方政府应当进行清退整理，应当将其与城乡居民养老保险制度融合，将过去的缴费年限视同个人账户缴费年限，将过去缴费的金额全部纳入个人账户。

第二，城镇地区的就业人员参加城镇职工基本养老保险，而城镇非就业居民参加城乡居民养老保险。对于这种城镇地区制度的“碎片化”问题，建议将城镇非就业居民通过灵活就业人员的身份纳入城镇职工基本养老保险参保范围，按照较低的缴费基数制定缴费标准，对于实际缴费困难者，政府应当予以一定扶持。

第三，农民工是我国城镇化进程中的特殊群体，对于农民工来说，养老保险间转移续接困难、缺失公平性等制度性弊端，导致农民工参保积极性低。由于我国社会养老保险制度的城乡分割，许多农民工在农村参加了农村社会养老保险，而在城镇又参加了城镇职工基本养老保险，两者之间转移续接困难，导致农民重复参保、断保等问题频频发生。一些地区将农民工纳入城镇职工基本养老保险制度中，例如北京、浙江；而一些地区专门为农民工建立的农民工养老保险，例如上海、成都。本书认为，应当采用北京等地的做法，将农民工统一纳入城镇职工基本养老保险，采用“雇主缴费＋个人缴费”的方式；由于“新农保”个人账户有着私人财产的属性[①]，对于在原户籍地参加了“新农保”的农民工，“新农保”管理机构应当允许参保人将个人账户的本息全部取出。

二、第二步：实现机关事业单位养老保险与城镇职工基本养老保险的“中统筹”

根据《人力资源和社会保障年鉴 2018》的相关数据，2017 年企业、机关事业单位的平均养老金分别为 2490 元和 4199 元，后者是前者的 1.69 倍。根据 2015 年国务院发布的《关于机关事业单位工作人员养老保险制度改革的决定》[②] 规定，仿照城镇职工基本养老保险的“统账结合”模式，建立机关事业单位养老保险。虽然，机关事业单位养老保险建立了与城镇职工基本养老保险相同的“社会统筹＋个人账户”的制度模式，

① 穆怀中等：《农村养老保险适度水平及对提高社会保障水平分层贡献研究》，《人口研究》，2013 年第 3 期。
② 详见国发〔2015〕2 号。

但缴费比例、计发办法等与城镇职工基本养老保险仍有较大差距，尤其是在企业年金和职业年金的发展程度不一，企业职工与公务员工资增长率的不同。

由于机关事业单位养老保险建立于 2015 年，由单位缴费和个人缴费形成的“基金池”很小，为了防止侵占城镇职工基本养老保险和农村社会养老保险的“基金池”，因此建议机关事业单位养老保险体系可单独设立，在其“基金池”形成一定规模后，基于精算平衡，再将机关事业单位养老保险并入城镇职工基本养老保险。

在“中统筹”过程中，还需要大力发展企业年金和职业年金的第三层次养老保险。截至 2019 年，我国仅有 9.6 万户企业建立了企业年金①，其中大多数为国有垄断企业，中小企业企业年金覆盖率低②。因此，需要以更大的优惠政策鼓励中小企业建立企业年金，减轻企业社保缴费负担，为企业提供递延型税收优惠。

三、第三步：实现合并城乡社会养老保险的“大统筹”

经过“小统筹”和“中统筹”后，我国社会养老保险制度由农村社会养老保险制度和城镇职工基本养老保险制度组成。此时，应当将两类社会养老保险制度纳入统筹城乡社会养老保险多层次体系当中，城镇职工基本养老保险的四层次体系分别为：居民养老保险、强制性的个人账户、企业年金/职业年金以及自愿的个人年金；农村社会养老保险的三层次体系分别为：居民养老保险、强制性的个人账户及自愿的个人年金。

在城镇地区四层次养老保险体系的资金筹集模式中，居民养老金来源于企业缴费，缴费比例为 12%～16%；个人账户养老金来源于参保人个人缴费，缴费比例为 12%～16%；企业年金/职业年金和自愿的个人年金为补充型养老保险，由参保人自愿参加。在养老金给付上，居民养老金的给付基数是由上年度社会平均工资决定的，个人账户养老金通过一定的计发系数发放。

在农村地区的三层次养老保险体系的资金筹集模式中，居民养老金无需缴费，而个人账户按照上年度农村居民人均可支配收入的 2%、4%、6%、8%和 10%设立缴费档次，由农民自主选择缴费档次。在养老金给付中，居民养老金给付由中央财政负担，在 30%的替代率前提下，根据上年度农村居民人均可支配收入发放养老金；个人账户养老金采取与城镇地区个人账户养老金相同的计发系数予以发放。

在建立统筹城乡的社会养老保险制度后，原来根据人群设立的养老保险制度实现了衔接转序。从机会公平、过程公平和结果公平的视角下来看，农村居民获得了与城

① 数据来源：《2019 年度人力资源和社会保障事业发展统计公报》。

② 于新亮等：《养老保险制度统一与劳动要素市场化配置—基于公私部门养老金并轨改革的实证研究》，《中国工业经济》，2021 年第 1 期。

镇职工相同的养老金待遇。

第三节　统筹城乡社会养老保险制度的配套政策措施

一、实施乡村振兴战略，提高农村居民人均可支配收入

根据2021年中央一号文件内容，要坚决实施乡村振兴战略，确保农民收入增长继续快于城镇居民。

在财政支出方面，在各级财政部门过“紧日子”的同时，要减少不必要的经费支出，尤其是专项支出，避免重复资助。此外，各级财政要优化支出结构，将更多的财政资金用到社会保障支出及改善民生支出方面，尤其是对农村社会保障支出要予以倾斜。

继续加强对农村公共基础设施建设的投入，实施村村通路工程；加强对农村地区供水、供电、供气工程建设，全面巩固提升农村清洁能源建设工程；利用数字化和信息化，推动农村地区网络覆盖、移动信号（5G）覆盖、物联网与城市规划衔接；发展智慧农业，利用大数据、人工智能等技术，推动农业产业信息化的发展；在物流体系方面，要全面改造农村物流基础设施建设，坚决鼓励农产品走入城镇和电子商品进入农村，将农村生产与消费有效对接；推动农村地区冷链物流建设，建立一批产地冷链快递站。

在公共服务方面，要全面提升农村教育质量，改善乡镇级学校办学条件，在保留县乡级小规模学校的情况下，在县城和中心镇区新办一批高中和职业技术学校；在农村建设产教融合学校，在精准把握农村居民创业需求和方向的前提下，发展职业技术教育和技能培训；全面提升农村医疗保障体系，提升乡镇级卫生院医疗水平，建设一批中心医院，全面推进健康乡村建设；建立农村就业服务体系，推动就业服务体系向农村地区延伸。

二、完善缴费激励政策，鼓励居民长缴多缴

根据前文测算，农村居民只要按照最低缴费档次连续缴费满40年，其个人账户养老金替代率就高于30%，加上基础养老金替代率的30%，总替代率将达到60%。因此，在缴费档次不变的情况下，延长缴费年限即可获得更多的养老金。建议将目前连续缴费满15年即可在60岁退休后领取养老金的缴费年限延长至30年。

除了提高缴费年限以外，还需要完善缴费激励措施，引导居民长期缴费、选择高

档次缴费。为此建议：对长期缴费人员加发一定量的基础养老金，采用超额累计制、阶梯式补贴的办法。例如，对缴费16～20年的参保人，月加发基础养老金从第16年起按2元/年计发；对缴费21～25年的参保人，月加发基础养老金从第21年起按3元/年计发；对缴费26～30年的参保人员，月加发基础养老金从第26年起按4元/年计发等。

第二，采取缴费年限越长，个人账户记账利率越高的做法。个人账户每年结息一次，让参保人亲眼看到长期缴费的好处。此外，为了让居民尽量选择有效缴费标准而不是选择较低或最低缴费档次来缴费，建议政府采用比例制的办法来进行补贴。在上文的分析中，日本对于个人缴费补贴比例高达50%，考虑到我国地方政府财政压力，可以将财政补贴比例定为30%，即不管是选择最低缴费档次还是最高缴费档次来缴费，政府统一按照30%的比例进行补贴，以降低目前政府缴费补贴中存在的累退性以及缴费激励机制不足。

三、以农村居民人均可支配收入为基数，实行个人账户比例费率制

现行制度下的缴费档次标准实际上是“老农保”的做法，这种做法的优点是能够迅速地扩大覆盖面，容易让农民理解和便于养老保险费的征收。然而，其缺点是缺乏缴费水平的自动调整机制。自2009年“新农保”实施以来，个人账户缴费档次就设置为100～500元5个缴费档次；而2014年“新农保”和“城居保”合并实施以来，缴费档次仍然为100～2000元12个缴费档次。而我国农村居民人均可支配收入已经从2009年的5435元上升至2019年的16678元，但至今未对缴费标准进行实质性地调整。在农村居民的收入逐年增长的情况下，若缴费档次不变，则会变相地降低了缴费标准，进而影响未来个人账户养老金的保障效果。

因此，采用以农村居民人均可支配收入为缴费基数，采用比例费率制的方法，缴费标准会随着农村居民人均可支配收入的变动而自动调整，可以确保未来个人账户养老金替代率保持相对稳定，提高社会养老保险的保障效果。因此，选择农村居民人均可支配收入作为缴费基数，实行比例费率制是更好的选择。具体来说，国家应以上一年度农村居民人均可支配收入分别建立五个缴费档次：2%、4%、6%、8%、10%。考虑到各地经济水平和消费水平的差异，各省级政府可在国家确定的缴费比例基础上，对缴费比例进行调整。考虑到部分低收入群体存在缴费困难等问题，建议参照低收入居民的最大缴费能力，设定几档低缴费档次，以保证其有能力参保。

在个人账户缴费比例动态调整方面，建议每年对个人账户养老金的保障效果和精算平衡进行评估，若保障效果保持稳定且在未来2～3年内个人账户保持精算平衡，则

不需要对缴费率进行调整；若保障效果产生波动或者在未来 2～3 年内个人账户精算不平衡，则需要对个人账户缴费率进行调整。

四、提高个人账户基金投资收益率

在个人账户基金的运营管能力方面，建议在省级层面建立养老保险基金管理机构，对全省的养老保险基金进行专业化、规范化、多元化、市场化的投资运作。由于我国农村社会养老保险个人账户采取完全累积制，在人口老龄化背景下，市场化运营是完全累积制的内在要求。本书建议，在省级政府层面建立基金管理委员会，该部门负责制定投资策略、选择投资机构、对投资过程进行监管，详见图 8.4。

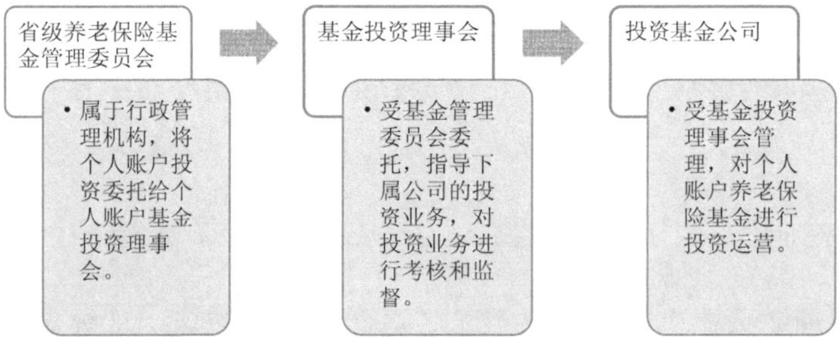

图 8.4　未来我国个人账户养老保险基金投资运营结构

省级养老保险基金管理委员会属于行政管理机构，将各县、乡、街道社保机构上收的个人账户基金整合后，委托基金投资理事会对基金进行投资运营。建立统一的基金管理委员会不仅能够减少分散的管理体制所带来的高昂管理成本，还能通过整合全省（市、自治区）的个人账户基金，扩大个人账户基金投资的规模效应。

基金投资理事会是省级养老保险基金管理委员会的下属机构，受基金管理委员会委托，选择投资基金公司，对投资基金公司的业务进行指导、考核和监督。在基金管理委员会，要实行专业化的高水平管理体制，重视人才引进。

基金投资公司是取得基金投资理事会认证资格的投资主体。在投资公司的投资方式中，初期可限定银行存款、政府债券等稳健型投资产品；随着投资公司业务的进步，可以放宽投资方式，将股票投资、公司债券等积极投资方式纳入进来。

五、县、乡推动养老机构建立，构建多层次养老保障体系

在县、乡地区建立养老机构是我国建立多层次养老保障体系的重要补充，同时也是我国完善基层治理体系的重要举措。由于农村地区大量青壮年进入城镇地区务工，许多农村老年人成为“空巢老人”。因此，在农村地区建设养老机构，为农村老人提供

养老服务，是提高我国社会保障体系保障层次的重要补充。

对于身心残障的老人，养老服务中心需要为他们提供生活及身心健康上的帮助。此外，应当在县医院、乡镇卫生中心引入医养结合体系，打造集医疗、养老为一体的养老服务机构。当前我国城乡经济水平存在差距，导致养老和医疗资源的城乡分配不均。随着农村地区对养老服务的需求日趋强烈，我国应在农村地区建设一批养老服务机构。在农村地区开展养老服务的初期阶段，政府应将残障人士和贫困老年人作为重点服务对象，积极提供多元化的养老服务，确保农村老年人养老及医疗需求得到满足，提高社会养老服务的利用率。此外，政府必须加强对服务质量的监督，全面提高养老机构服务质量，增强其对老年人的吸引力，提高基层服务人员提供社会化养老服务的意愿，以促进养老服务行业的可持续发展。

附　录

附表一　农村国民生命表（男女混合）

年龄	存活人数	死亡概率	死亡人数	存活人年数	累计存活人年数	平均预期余命
0	1000000	0.01302	13020	993490	75851710	75.85
1	986980	0.00165	1629	986166	74858220	75.85
2	985351	0.00165	1626	984539	73872054	74.97
3	983726	0.00165	1623	982914	72887515	74.09
4	982103	0.00165	1620	981292	71904601	73.21
5	980482	0.00165	1618	979673	70923309	72.34
6	978864	0.00038	372	978678	69943636	71.45
7	978492	0.00038	372	978306	68964958	70.48
8	978120	0.00038	372	977935	67986651	69.51
9	977749	0.00038	372	977563	67008717	68.53
10	977377	0.00038	371	977192	66031154	67.56
11	977006	0.00039	381	976815	65053962	66.59
12	976625	0.00039	381	976434	64077147	65.61
13	976244	0.00039	381	976054	63100713	64.64
14	975863	0.00039	381	975673	62124659	63.66
15	975483	0.00039	380	975292	61148986	62.69
16	975102	0.00062	605	974800	60173694	61.71
17	974498	0.00062	604	974195	59198894	60.75
18	973893	0.00062	604	973591	58224698	59.79

续表

年龄	存活人数	死亡概率	死亡人数	存活人年数	累计存活人年数	平均预期余命
19	973290	0.00062	603	972988	57251107	58.82
20	972686	0.00062	603	972385	56278119	57.86
21	972083	0.00078	758	971704	55305734	56.89
22	971325	0.00078	758	970946	54334031	55.94
23	970567	0.00078	757	970189	53363085	54.98
24	969810	0.00078	756	969432	52392896	54.02
25	969054	0.00078	756	968676	51423464	53.07
26	968298	0.00097	939	967828	50454788	52.11
27	967359	0.00097	938	966889	49486960	51.16
28	966420	0.00097	937	965952	48520070	50.21
29	965483	0.00097	937	965015	47554119	49.25
30	964546	0.00097	936	964079	46589104	48.30
31	963611	0.00134	1291	962965	45625026	47.35
32	962319	0.00134	1290	961675	44662061	46.41
33	961030	0.00134	1288	960386	43700386	45.47
34	959742	0.00134	1286	959099	42740000	44.53
35	958456	0.00134	1284	957814	41780901	43.59
36	957172	0.00178	1704	956320	40823087	42.65
37	955468	0.00178	1701	954618	39866767	41.72
38	953767	0.00178	1698	952918	38912149	40.80
39	952070	0.00178	1695	951222	37959231	39.87
40	950375	0.00178	1692	949529	37008009	38.94
41	948683	0.00240	2277	947545	36058479	38.01
42	946406	0.00240	2271	945271	35110935	37.10
43	944135	0.00240	2266	943002	34165664	36.19
44	941869	0.00240	2260	940739	33222662	35.27
45	939609	0.00240	2255	938481	32281923	34.36
46	937354	0.00323	3028	935840	31343442	33.44
47	934326	0.00323	3018	932817	30407602	32.54

续表

年龄	存活人数	死亡概率	死亡人数	存活人年数	累计存活人年数	平均预期余命
48	931308	0.00323	3008	929804	29474785	31.65
49	928300	0.00323	2998	926801	28544981	30.75
50	925301	0.00323	2989	923807	27618181	29.85
51	922313	0.00541	4990	919818	26694373	28.94
52	917323	0.00541	4963	914842	25774556	28.10
53	912360	0.00541	4936	909892	24859714	27.25
54	907424	0.00541	4909	904970	23949821	26.39
55	902515	0.00541	4883	900074	23044852	25.53
56	897633	0.00736	6607	894329	22144778	24.67
57	891026	0.00736	6558	887747	21250448	23.85
58	884468	0.00736	6510	881213	20362701	23.02
59	877958	0.00736	6462	874728	19481488	22.19
60	871497	0.00736	6414	868290	18606760	21.35
61	865082	0.01190	10294	859935	17738470	20.50
62	854788	0.01190	10172	849702	16878535	19.75
63	844616	0.01190	10051	839591	16028833	18.98
64	834565	0.01190	9931	829599	15189243	18.20
65	824634	0.01190	9813	819727	14359643	17.41
66	814821	0.01970	16052	806795	13539916	16.62
67	798769	0.01970	15736	790901	12733121	15.94
68	783033	0.01970	15426	775320	11942220	15.25
69	767607	0.01970	15122	760046	11166900	14.55
70	752485	0.01970	14824	745073	10406854	13.83
71	737661	0.03520	25966	724679	9661781	13.10
72	711696	0.03520	25052	699170	8937102	12.56
73	686644	0.03520	24170	674559	8237932	12.00
74	662474	0.03520	23319	650815	7563373	11.42
75	639155	0.03520	22498	627906	6912559	10.82
76	616657	0.05449	33602	599856	6284653	10.19

续表

年龄	存活人数	死亡概率	死亡人数	存活人年数	累计存活人年数	平均预期余命
77	583055	0.05449	31771	567170	5684797	9.75
78	551284	0.05449	30039	536265	5117627	9.28
79	521245	0.05449	28403	507044	4581362	8.79
80	492842	0.05449	26855	479415	4074319	8.27
81	465987	0.08739	40723	445626	3594904	7.71
82	425265	0.08739	37164	406683	3149278	7.41
83	388101	0.08739	33916	371143	2742595	7.07
84	354185	0.08739	30952	338709	2371452	6.70
85	323233	0.08739	28247	309109	2032744	6.29
86	294985	0.12550	37021	276475	1723635	5.84
87	257965	0.12550	32375	241777	1447160	5.61
88	225590	0.12550	28312	211434	1205383	5.34
89	197278	0.12550	24758	184899	993948	5.04
90	172520	0.12550	21651	161694	809049	4.69
91	150869	0.17590	26538	137600	647355	4.29
92	124331	0.17590	21870	113396	509755	4.10
93	102461	0.17590	18023	93450	396359	3.87
94	84438	0.17590	14853	77012	302909	3.59
95	69586	0.17590	12240	63465	225897	3.25
96	57345	0.20445	11724	51483	162432	2.83
97	45621	0.20445	9327	40958	110949	2.43
98	36294	0.20445	7420	32584	69991	1.93
99	28874	0.20445	5903	25922	37407	1.30
100	22970	1	22970	11485	11485	0.50

数据来源：《第六次全国人口普查公报》及作者计算。

附表二　农村国民生命表（男）

年龄	存活人数	死亡概率	死亡人数	存活人年数	累计存活人年数	平均预期余命
0	1000000	0.01302	13020	993490	73300245	73.30
1	986980	0.00169	1668	986146	72306755	73.26
2	985312	0.00169	1665	984479	71320609	72.38
3	983647	0.00169	1662	982816	70336130	71.51
4	981984	0.00169	1660	981155	69353314	70.63
5	980325	0.00169	1657	979497	68372159	69.74
6	978668	0.00048	470	978433	67392663	68.86
7	978198	0.00048	470	977964	66414230	67.89
8	977729	0.00048	469	977494	65436266	66.93
9	977260	0.00048	469	977025	64458772	65.96
10	976790	0.00048	469	976556	63481747	64.99
11	976322	0.00060	586	976029	62505191	64.02
12	975736	0.00060	585	975443	61529162	63.06
13	975150	0.00060	585	974858	60553719	62.10
14	974565	0.00060	585	974273	59578861	61.13
15	973981	0.00060	584	973688	58604588	60.17
16	973396	0.00086	837	972978	57630900	59.21
17	972559	0.00086	836	972141	56657922	58.26
18	971723	0.00086	836	971305	55685781	57.31
19	970887	0.00086	835	970469	54714477	56.36
20	970052	0.00086	834	969635	53744007	55.40
21	969218	0.00112	1086	968675	52774372	54.45
22	968132	0.00112	1084	967590	51805697	53.51
23	967048	0.00112	1083	966506	50838107	52.57
24	965965	0.00112	1082	965424	49871601	51.63
25	964883	0.00112	1081	964343	48906177	50.69
26	963802	0.00138	1330	963137	47941834	49.74
27	962472	0.00138	1328	961808	46978697	48.81
28	961144	0.00138	1326	960481	46016889	47.88

续表

年龄	存活人数	死亡概率	死亡人数	存活人年数	累计存活人年数	平均预期余命
29	959818	0.00138	1325	959155	45056408	46.94
30	958493	0.00138	1323	957832	44097253	46.01
31	957170	0.00184	1761	956290	43139421	45.07
32	955409	0.00184	1758	954530	42183131	44.15
33	953651	0.00184	1755	952774	41228601	43.23
34	951897	0.00184	1751	951021	40275827	42.31
35	950145	0.00184	1748	949271	39324807	41.39
36	948397	0.00247	2343	947225	38375536	40.46
37	946054	0.00247	2337	944886	37428310	39.56
38	943717	0.00247	2331	942552	36483424	38.66
39	941386	0.00247	2325	940224	35540872	37.75
40	939061	0.00247	2319	937902	34600649	36.85
41	936742	0.00327	3063	935210	33662747	35.94
42	933679	0.00327	3053	932152	32727537	35.05
43	930625	0.00327	3043	929104	31795385	34.17
44	927582	0.00327	3033	926066	30866281	33.28
45	924549	0.00327	3023	923038	29940215	32.38
46	921526	0.00438	4036	919508	29017178	31.49
47	917490	0.00438	4019	915480	28097670	30.62
48	913471	0.00438	4001	911470	27182190	29.76
49	909470	0.00438	3983	907478	26270719	28.89
50	905487	0.00438	3966	903503	25363241	28.01
51	901520	0.00705	6356	898343	24459737	27.13
52	895165	0.00705	6311	892009	23561395	26.32
53	888854	0.00705	6266	885721	22669385	25.50
54	882587	0.00705	6222	879476	21783665	24.68
55	876365	0.00705	6178	873276	20904188	23.85
56	870187	0.00944	8215	866080	20030913	23.02
57	861972	0.00944	8137	857904	19164833	22.23

续表

年龄	存活人数	死亡概率	死亡人数	存活人年数	累计存活人年数	平均预期余命
58	853835	0.00944	8060	849805	18306929	21.44
59	845775	0.00944	7984	841783	17457124	20.64
60	837791	0.00944	7909	833837	16615341	19.83
61	829882	0.01481	12291	823737	15781505	19.02
62	817592	0.01481	12109	811537	14957768	18.29
63	805483	0.01481	11929	799518	14146230	17.56
64	793554	0.01481	11753	787678	13346712	16.82
65	781801	0.01481	11578	776012	12559034	16.06
66	770223	0.02395	18447	760999	11783022	15.30
67	751776	0.02395	18005	742774	11022023	14.66
68	733771	0.02395	17574	724984	10279249	14.01
69	716197	0.02395	17153	707621	9554265	13.34
70	699044	0.02395	16742	690673	8846645	12.66
71	682302	0.04175	28486	668059	8155971	11.95
72	653816	0.04175	27297	640168	7487912	11.45
73	626519	0.04175	26157	613441	6847745	10.93
74	600362	0.04175	25065	587829	6234304	10.38
75	575297	0.04175	24019	563288	5646475	9.81
76	551278	0.06478	35712	533422	5083187	9.22
77	515566	0.06478	33398	498867	4549765	8.82
78	482168	0.06478	31235	466551	4050897	8.40
79	450933	0.06478	29211	436327	3584347	7.95
80	421722	0.06478	27319	408062	3148019	7.46
81	394403	0.10209	40265	374270	2739957	6.95
82	354138	0.10209	36154	336061	2365687	6.68
83	317984	0.10209	32463	301753	2029626	6.38
84	285521	0.10209	29149	270947	1727873	6.05
85	256372	0.10209	26173	243286	1456926	5.68
86	230199	0.14538	33466	213466	1213641	5.27

续表

年龄	存活人数	死亡概率	死亡人数	存活人年数	累计存活人年数	平均预期余命
87	196733	0.14538	28601	182432	1000174	5.08
88	168132	0.14538	24443	155910	817742	4.86
89	143689	0.14538	20889	133244	661832	4.61
90	122799	0.14538	17853	113873	528588	4.30
91	104947	0.19877	20860	94517	414715	3.95
92	84087	0.19877	16714	75730	320198	3.81
93	67373	0.19877	13392	60677	244468	3.63
94	53981	0.19877	10730	48616	183792	3.40
95	43251	0.19877	8597	38953	135176	3.13
96	34654	0.21312	7385	30961	96223	2.78
97	27269	0.21312	5811	24363	65262	2.39
98	21457	0.21312	4573	19171	40899	1.91
99	16884	0.21312	3598	15085	21728	1.29
100	13286	1	13286	6643	6643	0.50

数据来源：《第六次全国人口普查公报》及作者计算。

附表三　农村国民生命表（女）

年龄	存活人数	死亡概率	死亡人数	存活人年数	累计存活人年数	平均预期余命
0	1000000	0.01303	13030	993485	78539581	78.54
1	986970	0.00165	1629	986156	77546096	78.57
2	985341	0.00165	1626	984529	76559941	77.70
3	983716	0.00165	1623	982904	75575412	76.83
4	982093	0.00165	1620	981282	74592508	75.95
5	980472	0.00165	1618	979663	73611225	75.08
6	978854	0.00032	313	978698	72631562	74.20
7	978541	0.00032	313	978385	71652865	73.22
8	978228	0.00032	313	978071	70674480	72.25
9	977915	0.00032	313	977758	69696409	71.27
10	977602	0.00032	313	977446	68718650	70.29

续表

年龄	存活人数	死亡概率	死亡人数	存活人年数	累计存活人年数	平均预期余命
11	977289	0.00031	303	977138	67741205	69.32
12	976986	0.00031	303	976835	66764067	68.34
13	976683	0.00031	303	976532	65787232	67.36
14	976381	0.00031	303	976229	64810700	66.38
15	976078	0.00031	303	975927	63834471	65.40
16	975775	0.00042	410	975570	62858544	64.42
17	975365	0.00042	410	975161	61882974	63.45
18	974956	0.00042	409	974751	60907813	62.47
19	974546	0.00042	409	974342	59933062	61.50
20	974137	0.00042	409	973932	58958721	60.52
21	973728	0.00048	467	973494	57984788	59.55
22	973261	0.00048	467	973027	57011294	58.58
23	972793	0.00048	467	972560	56038267	57.61
24	972326	0.00048	467	972093	55065707	56.63
25	971860	0.00048	466	971626	54093614	55.66
26	971393	0.00059	573	971107	53121988	54.69
27	970820	0.00059	573	970534	52150881	53.72
28	970247	0.00059	572	969961	51180347	52.75
29	969675	0.00059	572	969389	50210386	51.78
30	969103	0.00059	572	968817	49240998	50.81
31	968531	0.00084	814	968124	48272181	49.84
32	967717	0.00084	813	967311	47304056	48.88
33	966905	0.00084	812	966498	46336746	47.92
34	966092	0.00084	812	965687	45370247	46.96
35	965281	0.00084	811	964875	44404561	46.00
36	964470	0.00112	1080	963930	43439685	45.04
37	963390	0.00112	1079	962850	42475755	44.09
38	962311	0.00112	1078	961772	41512905	43.14
39	961233	0.00112	1077	960695	40551133	42.19

续表

年龄	存活人数	死亡概率	死亡人数	存活人年数	累计存活人年数	平均预期余命
40	960156	0.00112	1075	959619	39590439	41.23
41	959081	0.00153	1467	958347	38630820	40.28
42	957614	0.00153	1465	956881	37672473	39.34
43	956148	0.00153	1463	955417	36715592	38.40
44	954686	0.00153	1461	953955	35760175	37.46
45	953225	0.00153	1458	952496	34806219	36.51
46	951766	0.00210	1999	950767	33853724	35.57
47	949768	0.00210	1995	948770	32902957	34.64
48	947773	0.00210	1990	946778	31954186	33.72
49	945783	0.00210	1986	944790	31007408	32.78
50	943797	0.00210	1982	942806	30062618	31.85
51	941815	0.00371	3494	940068	29119812	30.92
52	938321	0.00371	3481	936580	28179745	30.03
53	934839	0.00371	3468	933105	27243165	29.14
54	931371	0.00371	3455	929644	26310059	28.25
55	927916	0.00371	3443	926195	25380416	27.35
56	924473	0.00523	4835	922056	24454221	26.45
57	919638	0.00523	4810	917233	23532165	25.59
58	914829	0.00523	4785	912436	22614932	24.72
59	910044	0.00523	4760	907664	21702496	23.85
60	905284	0.00523	4735	902917	20794831	22.97
61	900550	0.00883	7952	896574	19891914	22.09
62	892598	0.00883	7882	888657	18995340	21.28
63	884716	0.00883	7812	880810	18106683	20.47
64	876904	0.00883	7743	873033	17225873	19.64
65	869161	0.00883	7675	865324	16352840	18.81
66	861487	0.01523	13120	854926	15487516	17.98
67	848366	0.01523	12921	841906	14632590	17.25
68	835445	0.01523	12724	829084	13790684	16.51

续表

年龄	存活人数	死亡概率	死亡人数	存活人年数	累计存活人年数	平均预期余命
69	822722	0.01523	12530	816457	12961600	15.75
70	810192	0.01523	12339	804022	12145144	14.99
71	797852	0.02853	22763	786471	11341122	14.21
72	775090	0.02853	22113	764033	10554651	13.62
73	752976	0.02853	21482	742235	9790618	13.00
74	731494	0.02853	20870	721059	9048382	12.37
75	710624	0.02853	20274	700487	8327323	11.72
76	690350	0.04537	31321	674690	7626836	11.05
77	659029	0.04537	29900	644079	6952146	10.55
78	629129	0.04537	28544	614857	6308067	10.03
79	600585	0.04537	27249	586961	5693210	9.48
80	573337	0.04537	26012	560331	5106249	8.91
81	547325	0.07627	41744	526452	4545918	8.31
82	505580	0.07627	38561	486300	4019466	7.95
83	467019	0.07627	35620	449210	3533166	7.57
84	431400	0.07627	32903	414948	3083956	7.15
85	398497	0.07627	30393	383300	2669008	6.70
86	368104	0.11332	41714	347247	2285708	6.21
87	326390	0.11332	36987	307897	1938461	5.94
88	289404	0.11332	32795	273006	1630564	5.63
89	256608	0.11332	29079	242069	1357558	5.29
90	227530	0.11332	25784	214638	1115489	4.90
91	201746	0.16484	33256	185118	900851	4.47
92	168490	0.16484	27774	154603	715733	4.25
93	140716	0.16484	23196	129118	561130	3.99
94	117521	0.16484	19372	107834	432011	3.68
95	98148	0.16484	16179	90059	324177	3.30
96	81970	0.20083	16462	73739	234118	2.86
97	65508	0.20083	13156	58930	160379	2.45

续表

年龄	存活人数	死亡概率	死亡人数	存活人年数	累计存活人年数	平均预期余命
98	52352	0.20083	10514	47095	101450	1.94
99	41838	0.20083	8402	37637	54355	1.30
100	33436	1	33436	16718	16718	0.50

数据来源：《第六次全国人口普查公报》及作者计算。

参考文献

[1] 庇古. 福利经济学［M］. 金镝译. 北京：华夏出版社，2007.

[2] 道格拉斯·C·诺思. 经济史中的结构与变迁［M］. 陈郁等译. 上海：上海三联书店，1991.

[3] 道格拉斯·C·诺思，制度、制度变迁与经济绩效［M］. 杭行译. 上海：格致出版社，2014.

[4] 何平，HywgJulee. 中国农村养老保险制度改革与发展报告：可持续性分析［M］. 北京：中国经济出版社，2011.

[5] 刘钧. 社会保障理论与实务［M］. 北京：清华大学出版社，2005.

[6] 罗纳德·H·科斯等. 财产权利与制度变迁［M］. 刘守英等译. 上海：上海人民出版社，2014.

[7] 孙炳耀. 当代英国瑞典社会保障制度［M］. 北京：法律出版社，2000.

[8] 赵学军，郑秉文. 中国基本养老保险个人账户基金研究报告［M］. 北京：中国劳动社会保障出版社，2012.

[9] 郑功成. 中国社会保障改革与发展战略——理念、目标与行动方案［M］. 北京：人民出版社，2008.

[10] 周磊. 新型农村社会养老保险制度效果研究［M］. 北京：中国社会科学出版社，2017.

[11] 边恕，穆怀中. 农村养老保险适度水平的微观测度与动态调整研究［J］. 社会保障研究，2011，19（06）：3－11.

[12] 边恕，孙雅娜，黎蔺娴. "城乡保"基础养老金普惠型给付的适度性分析［J］. 辽宁大学学报（哲学社会科学版），2016，44（04）：63－70.

[13] 曹信邦，刘晴晴. 农村社会养老保险的政府财政支持能力分析［J］. 中国人口·

资源与环境，2011，21（10）：129—137.

［14］曹信邦．农村社会养老保险政府责任供给机制的构建［J］．社会保障研究，2012，15（01）：92—106.

［15］成志刚，文敏．新中国成立70周年养老金制度的历史演变与发展图景［J］．湘潭大学学报（哲学社会科学版），2019，43（05）：36—46.

［16］邓大松，李芸慧．新中国70年社会保障事业发展基本历程与取向［J］．改革，2019，307（09）：5—18.

［17］邓大松，仙蜜花．新的城乡居民基本养老保险制度实施面临的问题及对策［J］．经济纵横，2015，358（09）：8—12.

［18］邓大松，薛惠元．新农保财政补助数额的测算与分析——基于2008年的数据［J］．江西财经大学学报，2010，68（02）：38—42.

［19］邓大松，薛惠元．新型农村社会养老保险替代率的测算与分析［J］．山西财经大学学报，2010，32（04）：8—13.

［20］邓大松，薛惠元．新型农村社会养老保险替代率精算模型及其实证分析［J］．经济管理，2010，32（05）：164—171.

［21］邓大松，薛惠元．新型农村社会养老保险制度推行中的难点分析——兼析个人、集体和政府的筹资能力［J］．经济体制改革，2010，160（01）：86—92.

［22］邓大松，张怡．国资划转对企业职工基本养老保险降费空间影响的研究［J］．保险研究，2020，383（03）：89—104.

［23］邓大松，余思琦，刘桐．全国统筹背景下城镇职工基础养老金财政负担分析［J］．社会保障研究，2018，57（02）：3—15.

［24］封进，赵发强．新中国养老保险70年：经验、问题与展望［J］．社会保障研究，2019，67（06）：16—26.

［25］封进．中国养老保险体系改革的福利经济学分析［J］．经济研究，2004（02）：55—63.

［26］封铁英，董璇．以需求为导向的新型农村社会养老保险筹资规模测算——基于区域经济发展差异的筹资优化方案设计［J］．中国软科学，2012，253（01）：65—82.

［27］封铁英，贾继开．社会养老保险城乡统筹发展问题研究综述［J］．生产力研究，2008，162（01）：148—150.

［28］高庆波．非缴费型养老金制度选择：起源、发展与展望［J］．华中科技大学学报（社会科学版），2020，34（03）：45—52.

[29] 桂世勋．中国人口老龄化与县级农村社会养老保险试点［J］．人口与经济，1991（06）：32－38.
[30] 郭光芝，曾益．基于需求视角的城乡居民基本养老保险调整机制研究［J］．人口与发展，2018，24（02）：22－30＋21.
[31] 何文炯．改革开放以来中国社会保险之发展［J］．保险研究，2018，368（12）：96－100.
[32] 何文炯．中国社会保障：从快速扩展到高质量发展［J］．中国人口科学，2019，190（01）：2－15＋126.
[33] 华颖，郑功成．中国养老保险制度：效果评估与政策建议［J］．山东社会科学，2020，296（04）：66－74.
[34] 黄丽，罗锋，刘红梅．城乡居民社会养老保险政府补贴问题研究——基于广东省的实证研究［J］．人口与经济，2014（03）：110－116.
[35] 黄丽．城乡居民基本养老保险保障水平评估与反思——基于养老金替代率视角［J］．人口与经济，2015，212（05）：91－99.
[36] 黄少安，刘海英．制度变迁的强制性与诱致性——兼对新制度经济学和林毅夫先生所做区分评析［J］．经济学动态，1996，04：58－61.
[37] 季明明．国家社会福利保障体系的成功典范——新加坡中央公积金制度研究［J］．改革，2000（02）：107－117.
[38] 贾宁，袁建华．基于精算模型的“新农保”个人账户替代率研究［J］．中国人口科学，2010，138（03）：95－102＋112.
[39] 蒋军成，高电玻，吴丽丽．农村社会养老保险制度保障效果及其城乡统筹［J］．现代经济探讨，2017，424（04）：26－31.
[40] 景鹏，陈明俊，胡秋明．城乡居民基本养老保险的适度待遇与财政负担［J］．财政研究，2018，428（10）：66－78.
[41] 李春根，包叠．新形势下基本养老保险城乡一体化路径初探［J］．社会保障研究，2013，28（03）：29－35.
[42] 李冬妍．“新农保”制度：现状评析与政策建议［J］．南京大学学报（哲学·人文科学·社会科学版），2011，48（01）：30－39.
[43] 李文军．城乡居民基础养老金调整与财政负担测算研究：2016－2050［J］．广西师范大学学报（哲学社会科学版），2018，54（01）：35－42.
[44] 李珍，王海东．基本养老保险目标替代率研究［J］．保险研究，2012，386（1）：97－103.

[45] 李珍，王海东．养老金替代水平下降的制度因素分析及对策［J］．中国软科学，2013，268（04）：50—59．

[46] 李珍．论建立基本养老保险个人账户基金市场化运营管理制度［J］．中国软科学，2007，197（05）：13—21．

[47] 林万龙．中国农村公共服务供求的结构性失衡：表现及成因［J］．管理世界，2007，168（09）：62—68．

[48] 林义，刘斌，刘耘初．社会治理现代化视角下的多层次社会保障体系构建［J］．西北大学学报（哲学社会科学版），2020，50（05）：103—111．

[49] 凌文豪，王晗．公平与效率：基本养老保险制度的价值取向［J］．华北理工大学学报（社会科学版），2019，19（01）：19—23＋39．

[50] 刘昌平，刘威．城乡居民基本养老保险财政补贴模式优化研究［J］．上海经济研究，2019，373（10）：69—79．

[51] 刘昌平，谢婷．财政补贴型新型农村社会养老保险制度研究［J］．东北大学学报（社会科学版），2009（05）：432—435．

[52] 刘昌平，谢婷．传统农村社会养老保险制度评估与反思［J］．经济体制改革，2009（04）：97—101．

[53] 刘昌平．社会养老保险制度城乡统筹之路探索［J］．社会保障研究，2009（02）：14—17．

[54] 刘桂莲，房连泉．典型国家的非缴费型与缴费型养老金制度融合设计研究［J］．华中科技大学学报（社会科学版），2020，34（03）：27—35＋44．

[55] 刘海英．城乡居民基本养老保险的财政激励机制研究——基于效率与公平双重价值目标的考量［J］．兰州学刊，2016，269（02）：144—152．

[56] 刘威，刘昌平．老龄化、人口流动与养老保险基金可持续性［J］．江西财经大学学报，2018，117（03）：66—76．

[57] 卢海元．中国农村社会养老保险制度建立条件分析［J］．经济学家，2003（05）：36—41．

[58] 穆怀中，沈毅，陈曦．农村养老保险综合替代率及其结构分析［J］．人口与发展，2013，19（06）：2—10．

[59] 穆怀中，沈毅．中国农民有无土地两序列养老路径及养老水平研究［J］．中国软科学，2012，264（12）：78—89

[60] 穆怀中，张文晓，陈曦．农民基础养老金地区差异及给付适度水平研究［J］．西北人口，2014，35（02）：98—104．

[61] 牛文涛，姜润鸽. 新中国70年的农村养老保障：历史演进与现实困境 [J]. 农业经济问题，2020，482 (02)：54—64.
[62] 彭希哲，宋韬. 农村社会养老保险研究综述 [J]. 人口学刊，2002 (05)：43—47.
[63] 钱振伟，卜一，张艳. 新型农村社会养老保险可持续发展的仿真评估：基于人口老龄化视角 [J]. 经济学家，2012，164 (08)：58—65.
[64] 沈毅. 养老保险制度城乡统筹影响因素及发展对策——以辽宁为例 [J]. 地方财政研究，2016，145 (11)：40—47.
[65] 沈毅. 中国城乡居民社会养老保险适度水平研究——基于"生存公平"需求的测算与比较 [J]. 西部论坛，2015，25 (02)：47—53.
[66] 石宏伟，金丽馥，周德军. 我国农业科技发展的若干问题探析 [J]. 中国软科学，2002 (02)：77—81+62.
[67] 宋健敏. 遗产动机与公共养老保险制度的效应分析 [J]. 上海财经大学学报，2007，46 (02)：50—57.
[68] 陶勇. 增加农民收入的财政支持研究 [J]. 财经研究，2001 (07)：38—44.
[69] 王立剑，叶小刚. 需求导向下城乡居民基础养老金调整方案研究 [J]. 西安交通大学学报 (社会科学版)，2015，35 (05)：86—92.
[70] 王晓东. 西部地区社会养老保险制度城乡统筹：可能与可为 [J]. 理论探索，2013，200 (02)：77—81.
[71] 王增文. 财政缺口下养老保险基金最优风险投资组合策略研究 [J]. 华中科技大学学报 (社会科学版)，2018，32 (01)：15—21.
[72] 王振军. 新形势下城乡居民社会养老保险的优化设计 [J]. 人口与经济，2017，220 (01)：95—103.
[73] 温海红，师山霞，李瑶. 城乡居民社会养老保险缴费水平及其影响因素——基于陕西省三市的调查 [J]. 西安交通大学学报 (社会科学版)，2014，34 (01)：77—83.
[74] 熊巍. 我国农村公共产品供给分析与模式选择 [J]. 中国农村经济，2002 (07)：36—44.
[75] 许燕，杨再贵. 基于GM (1，1) 模型的城乡居民基本养老保险参保率测算 [J]. 保险研究，2019，372 (04)：116—127.
[76] 薛惠元，王翠琴. "新农保"财政补助政策地区公平性研究——基于2008年数据的实证分析 [J]. 农村经济，2010，333 (07)：95—99.
[77] 薛惠元，仙蜜花. 城乡居民社会养老保险保障水平评估——基于湖北省6个县区的比较分析 [J]. 当代经济管理，2014，36 (06)：83—91.

[78] 薛惠元. 新农保能否满足农民的基本生活需要 [J]. 中国人口·资源与环境, 2012 (10): 170—176.

[79] 薛惠元. 新型农村社会养老保险财政保障能力可持续性评估——基于政策仿真学的视角 [J]. 中国软科学, 2012, 257 (05): 68—79.

[80] 杨斌, 丁建定. 发达国家养老保险制度中财政责任的基本经验及启示 [J]. 经济纵横, 2019, 407 (10): 110—115.

[81] 杨翠迎, 郭光芝. 各地新农保养老金及补贴标准合意增长水平研究——基于养老金替代率视角的分析 [J]. 西北农林科技大学学报 (社会科学版), 2012, 12 (05): 12—20.

[82] 杨翠迎, 米红. 农村社会养老保险: 基于有限财政责任理念的制度安排及政策构想 [J]. 西北农林科技大学学报 (社会科学版), 2007, 46 (03): 1—7.

[83] 杨晶. 我国基本养老保险基金保值增值的问题与对策 [J]. 当代经济管理, 2018, 40 (11): 90—97.

[84] 杨俊. 社会统筹养老保险制度的困境与出路: 从分散统筹到全国统筹的转变 [J]. 教学与研究, 2013, 422 (12): 23—30.

[85] 于建华, 薛兴利, 毕红霞. 农村基本养老保险保障水平及其差异性分析 [J]. 农业经济问题, 2016, 37 (08): 41—50+111.

[86] 苑梅. 制度建设与财政支持: 后危机时代的农村社会养老保险——由“碎片化”转为“体系化” [J]. 当代经济管理, 2012, 34 (05): 60—64.

[87] 岳经纶, 黄远飞. 广州市城乡居民养老保险适度性水平研究 [J]. 社会保障研究, 2016, 46 (03): 3—8.

[88] 张华初, 吴钟健. 新型农村社会养老保障财政投入分析 [J]. 经济评论, 2013, 180 (02): 51—57.

[89] 张欢. 中国社会保险逆向选择问题的理论分析与实证研究 [J]. 管理世界, 2006 (02): 41—49.

[90] 张思锋, 曹信邦. 中国国民年金制度设计的基本思路 [J]. 理论探讨, 2014, 176 (01): 81—84.

[91] 张思锋, 胡晗, 唐敏. “新农保”的制度自信与制度发展 [J]. 西安交通大学学报 (社会科学版), 2016, 36 (05): 37—44.

[92] 张思锋, 李敏. 非缴费型公民待遇养老金: 由来、约束与过渡 [J]. 西安交通大学学报 (社会科学版), 2021, 41 (01): 78—88.

[93] 张思锋, 李敏. 中国特色社会养老保险制度: 初心改革再出发 [J]. 西安交通大

学学报（社会科学版），2018，38（06）：83－92.
[94] 张盈华，于萌．城乡居民基础养老金最低标准调整机制与方案——基于充足、公平和可负担的综合分析［J］．华中科技大学学报（社会科学版），2020，34（03）：19－26.
[95] 赵国芳．农村社会养老保险工作的探索与实践［J］．上海农村经济，2001（02）：21－23.
[96] 赵曼，刘鑫宏．中国农民工养老保险转移的制度安排［J］．经济管理，2009，31（08）：163－168.
[97] 赵仁杰，范子英．养老金统筹改革、征管激励与企业缴费率［J］．中国工业经济，2020，390（09）：61－79.
[98] 郑秉文．第三支柱商业养老保险顶层设计：税收的作用及其深远意义［J］．中国人民大学学报，2016，30（01）：2－11.
[99] 郑秉文．非缴费型养老金："艾伦条件"下农村养老保险制度变迁与改革出路［J］．华中科技大学学报（社会科学版），2020，34（03）：2－18.
[100] 郑秉文．改革开放30年中国流动人口社会保障的发展与挑战［J］．中国人口科学，2008，128（05）：2－17＋95.
[101] 郑秉文．中国社保"碎片化制度"危害与"碎片化冲动"探源［J］．甘肃社会科学，2009，180（03）：50－58.
[102] 郑功成．面向2035年的中国特色社会保障体系建设——基于目标导向的理论思考与政策建议［J］．社会科学文摘，2021，64（04）：49－52.
[103] 周心怡，邓龙真，龚锋．人口老龄化、养老保险缴费率与基本养老金目标替代率［J］．财贸研究，2020，31（02）：57－67.
[104] Asher M. Ageing and Pension Reform Around the World：evidence from eleven countries Edited by Giuliano Bonoli and Toshimitsu Shinkawa［J］. Asian-Pacific Economic Literature，2010，20（1）：68－68.
[105] Attanasio O P，Agar B. Social security and households' saving［J］. Quarterly Journal of Economics，2003，118（3）：1075－1119.
[106] Barro R J. On the determination of the public debt［J］. The Journal of Political Economy，1979（20）.
[107] Buchanan J M. An Economic Theory of Clubs［J］. Economica，1965，32（125）：1－14.
[108] Cabrera M，Lustig N，Morán，Hilcías E. Fiscal Policy，Inequality，and the

Ethnic Divide in Guatemala [J]. World Development, 2015, 76: 263—279.

[109] Cai F, Du Y. The Social Protection System in Ageing China [J]. Asian Economic Policy Review, 2015, 10 (2) : 250—270.

[110] De Coquereaumont M. Old age security: pension reform in China [M]. World Bank Publications, 1997.

[111] Larissa P. The Politics Behind the Non-Contributory Old Age Social Pensions in Lesotho, Namibia and South Africa [J]. Ssrn Electronic Journal, 2007, 83.

[112] Liu T, Sun L. Pension Reform in China [J]. Journal of Aging & Social Policy, 2016, 28 (1): 15—28.

[113] Musgrave. The Theory of Public Finance [M] New York: McGraw-Hill, 1959.

[114] Oates. Fiscal Federalism [M] New York: Harcourt Brace Jovanovich, 1972.

[115] Pigou, A. C. , The economics of welfare [M]. New York: Palgrave Macmillan, 2013.

[116] Samuelson, Paul A. The Pure Theory of Public Expenditure [J]. Review of Economics & Stats, 1954, 36 (4): 387—389.

[117] Schroeder C. Profitability of Pension Contributions: Evidence from Real-Life Employment Biographies [J]. Journal of Pension Economics & Finance, 2012, 11 (3): 311—336.

[118] Shen C, Williamson J B. China's new rural pension scheme: can it be improved? [J]. International Journal of Sociology & Social Policy, 2013, 30 (5/6): 239—250.

[119] Shi S J. Left to Market and Family-Again? Ideas and the Development of the Rural Pension Policy in China [J]. Social Policy & Administration, 2010, 40 (7): 791—806.

[120] Taylor P. UK Pension Reform: A Test Case for a Liberal Welfare State? [J]. Asian-Pacific Economic Literature, 2010, 20 (1): 68—68.

[121] Zheng B. Assessment for Social Security Pilot in Jilin and Hei Longjiang of China [J]. China & World Economy, 2006, 14 (5): 65—77.

[122] Datz, Giselle. Brazil's Pension Fund Developmentalism [J]. Competition & Change, 2013, 17 (2): 111—128.